JN098271

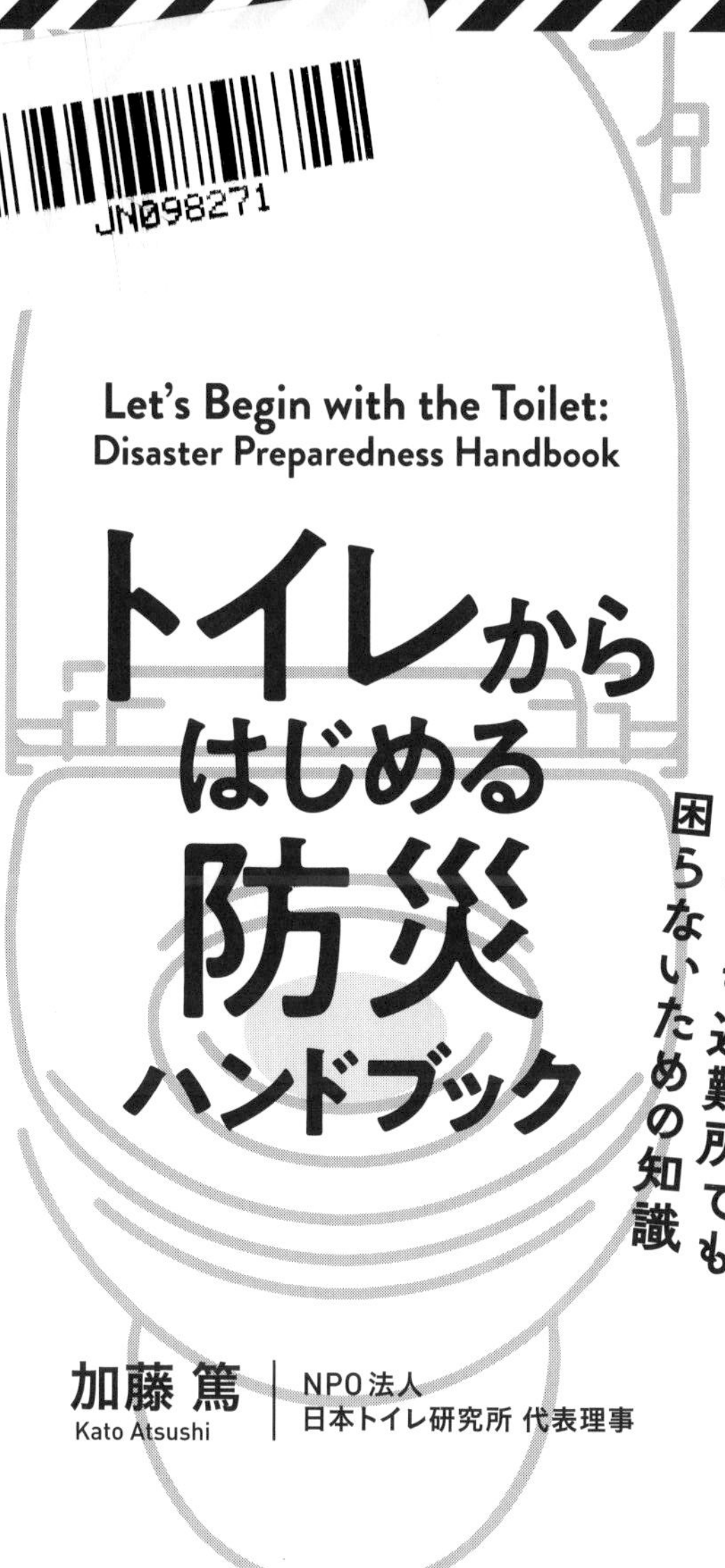

Let's Begin with the Toilet:
Disaster Preparedness Handbook

# トイレからはじめる防災ハンドブック

自宅でも避難所でも
困らないための知識

加藤 篤
Kato Atsushi
NPO法人
日本トイレ研究所 代表理事

学芸出版社

# はじめに

近年は、大雨や豪雨等で毎年のように甚大な被害が発生しています。また、首都直下地震、南海トラフ地震、日本海溝・千島海溝周辺海溝型地震など、大規模な災害の発生が危惧されています。

このような災害が起きたとき、真っ先に守るものは命であることは言うまでもありません。では、その次にすべきことは何でしょうか?

これまでの災害を踏まえれば、それはトイレ対応です。発災後の早いタイミングでトイレ問題が起きているからです。しかし、被災地のトイレ問題の映像をテレビで放送することが避けられていることもあり、多くの人はトイレ問題の実情や深刻さを知る機会がほとんどありません。

トイレ問題は感染症や関連死、治安悪化も招きます。また、不衛生な状況下では、医療も食事も生活も成り立ちません。災害時は、水や食料の確保、体調のケア、お金や仕事の工面など、生きていくためにやらなければならないことが山積です。トイレは衛生の要であるとともに、唯一ひとりになれる空間でもあります。だからこそ、トイレを安心できる場にしたいというのが私の考えです。

安心できるトイレ環境を整えるには、多分野の連携が必要です。例えば、口腔、栄養、排泄、保健、衛生、建築・設備、汚水・し尿処理など、多岐にわたります。これらの分野の専門家が力を合わせることが求められています。

本書は、トイレをきっかけにつながり、トイレをきっかけに防災をはじめる、という思いをこめて執筆しました。

トイレ対策の前提となる基礎知識、災害が起きる前にやるべきこと、発災後の具体的な対応方法や環境づくりなどを、テーマごとに見開きで理解できるように構成しました。関心のあるところからはじめていただければ幸いです。

トイレは命と尊厳に関わります。

災害時でも、安心できるトイレ環境を確保できるように一緒に取り組みましょう。

はじめに……003

# Part 1 みんな知っておきたい！災害とトイレの基礎知識

# Part 2 災害が起きる前の備え

## 自宅・職場で今すぐ実践！

# Part 3
# こんな時には？
# 戸建・集合住宅で調べておきたいトイレ対応

# Part 4 パニックを防ぐために！災害前に知っておきたい避難所のトイレ環境

# Part 5

# 快適に過ごすために！被災時に取り組みたい避難所のトイレ運営

# Part 1

みんな知っておきたい！

# 災害とトイレの基礎知識

# 01

# 発災から3時間以内に38・5%の人がトイレに行く

自然災害の発生後にすべきことは何でしょうか？　地震や豪雨などが起きたときに真っ先にすべきなのは、自分の命を守ること、そして安全な場所に避難することです。

問題はこの後です。ここまでの行動は、全員一致するでしょう。避難所では避難者の誘導や場所の確保、水・食料の配給などに多くの人が奔走します。もちろんこれらは大切ですが、それと同じくらい重要なのに忘れられがちなことがあります。それが「トイレ対応」です。

大きな災害が起きると水洗トイレは使えなくなります。しかし、私たちの排泄は待ってくれません。２０１６年４月に発生した熊本地震での調査によると、発災後

01

発災から3時間以内に38・5％の人がトイレに行く

3時間以内にトイレに行きたくなった人は38・5％、6時間以内では72・9％に上ります。発災後6時間は大混乱状態で、恐らくこの約7割の人は水を飲んでおらず、食事も摂っていないはずです。それにもかかわらず、トイレに行きたくなるのです。つまり、水・食料より先にトイレ対応が必要ということです。私たちはこの事実から目をそらしてはいけないのです。

## 地震後、何時間でトイレに行きたくなったか？

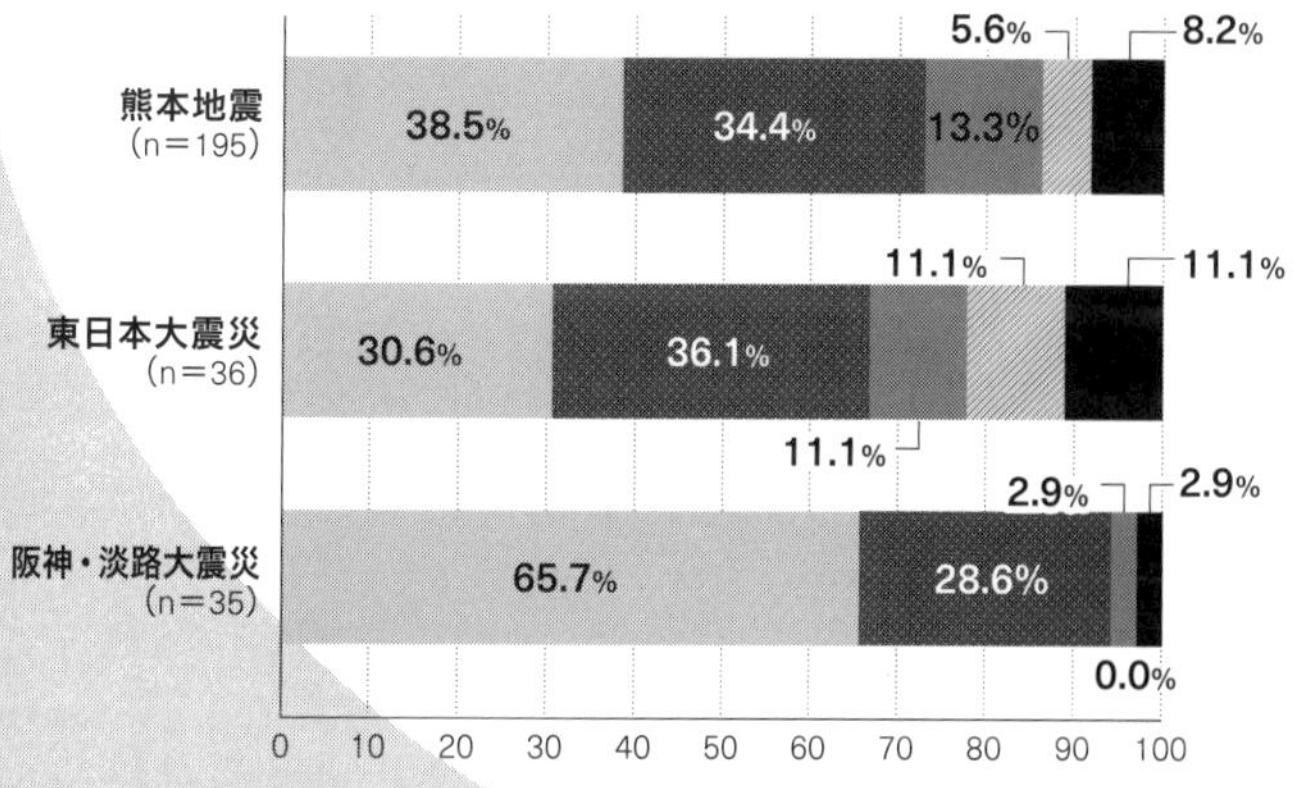


調査：阪神・淡路大震災＝尼崎トイレ探検隊／東日本大震災＝日本トイレ研究所／熊本地震＝岡山朋子（大正大学人間学部人間環境学科）
作成：NPO法人日本トイレ研究所

# 02

# 給水と排水の両方が機能しないと水洗トイレは使えない

断水したら水洗トイレが使えないことは、多くの人が理解しています。水洗トイレは目の前の大小便を水で流し去ってくれる便利なシステムなので、水が無ければ機能しません。

断水の原因は主に2つあります。1つは給水管等の給水装置や配水施設が破損して水を届けられなくなること。もう1つは停電でポンプ等の設備が作動しなくなり水が届けられなくなることです。

ところが、給水に問題が無くても、水洗トイレは使えなくなることがあります。それは、排水に支障がある場合です。理由は、流れていく先がなくなるからです。

02

## 給水と排水の両方が機能しないと水洗トイレは使えない

排水に問題が生じる要因としては、排水管が外れる・閉塞する・逆こう配になる、下水道や下水処理場、浄化槽が機能していない、などが考えられます。このような場合、無理に汚水を流すと、どこかからあふれることになります。

先にも触れたように、正確に言えば、給水と排水、それに電気のすべてが機能してこそ、水洗トイレは使用できるようになります。日頃、目にしているのは便器だけですが、その裏に壮大な水洗トイレシステムがあることを知っておいてください。

### 水洗トイレが機能するためには？

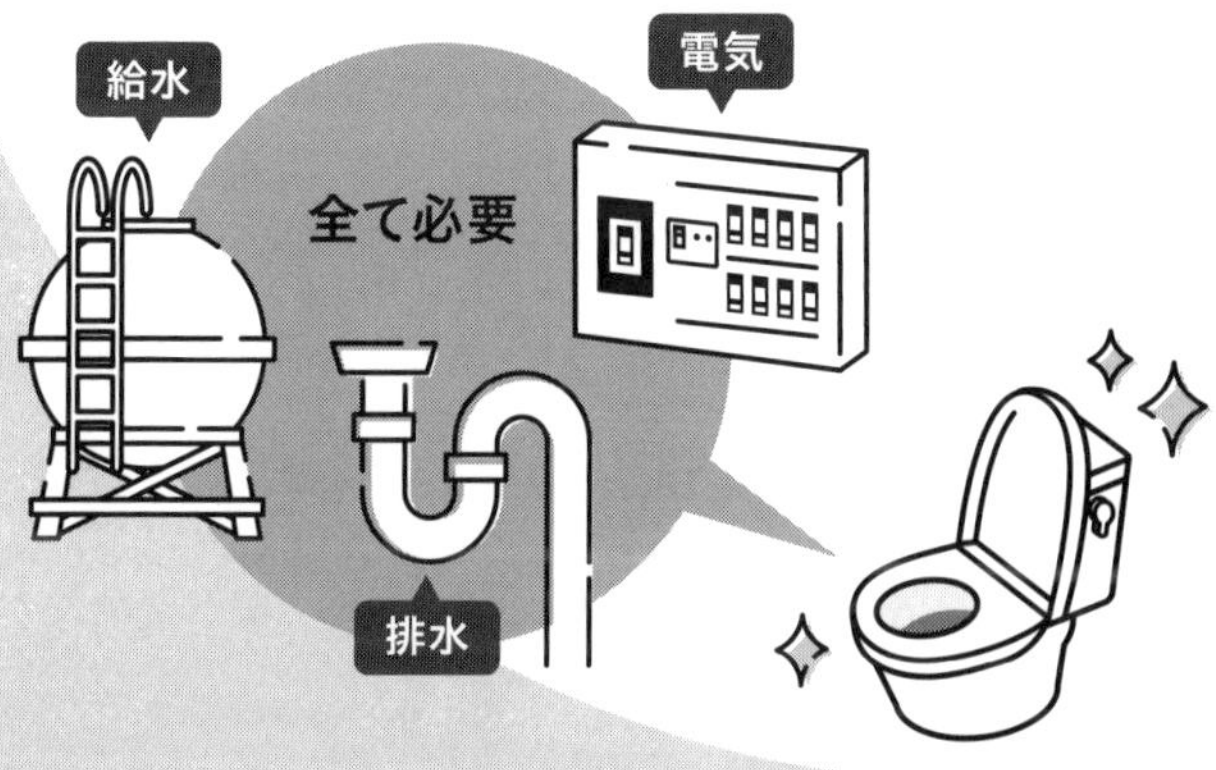

# 03

# 断水が起きると、水道の仮復旧までは1か月以上かかる

私たちは1日に複数回トイレに行きます。水洗トイレを使うには、もちろん水が必要です。節水型の便器でも、1回あたりの洗浄で概ね6～8リットル程度の水を使用します。仮に5回行くとしたら、合計で30～40リットルの水を使うことになります。

水を便器に供給するためには、まず河川などから引いた水を処理する浄水場が機能していることが前提です。また、浄水場からポンプ場を経由して各建物に水を運ぶ配水管が正常であることも必要です。そして、これらの過程では電力も欠かせません。

このため、大きな災害で停電すると断水が発生します。阪神・淡路大震災では約

127万戸が断水し、仮復旧が完了するまでに1か月以上を要しました。また、東日本大震災で被災した地方公共団体へのアンケート調査では、上水道の仮復旧までに要した日数は、平均35日間だったことが分かっています。

この間、トイレの洗浄に必要な水量を人力で供給するのは容易でありません。断水で洗浄水が確保できない場合に、トイレ機能を確保する方法の検討が必要です。

## 阪神・淡路大震災のときはどうだった？

| 区　分 | 主な被害 | 復旧年月日 |
|---|---|---|
| 電　気 | 約260万戸が停電（大阪府北部含） | 平成7年1月23日<br>倒壊家屋等除き復旧 |
| ガ　ス | 約84万5千戸が供給停止 | 平成7年4月11日<br>倒壊家屋等除き復旧 |
| 水　道 | 約127万戸が断水 | 平成7年2月28日 仮復旧完了<br>平成7年4月17日 全戸通水完了 |
| 下水道 | 被災施設：22処理場、50ポンプ場<br>管渠延長約164km | 平成7年4月20日 仮復旧完了 |
| 電　話 | 交換機系：約28万5千回線が不通<br>加入者系：約19万3千回線が不通 | 平成7年1月18日 交換設備復旧完了<br>平成7年1月31日 倒壊家屋等除き復旧 |

出典：兵庫県「阪神・淡路大震災の復旧・復興の状況について」平成21年12月
https://web.pref.hyogo.lg.jp/kk41/pa17_000000002.html

# 04

# 74・7%の避難所がトイレに問題を抱えている

避難所のイメージとして、地域の小中学校を思い浮かべる人は多いのではないでしょうか。実際、公立学校の9割以上が「指定避難所」になっています。指定避難所とは、「避難した住民等を災害の危険性がなくなるまで必要な期間滞在させ、または災害により家に戻れなくなった住民等を一時的に滞在させることを目的とした施設*」です。

公立学校の多くは老朽化が進んでおり、設備面に課題を抱えています。東日本大震災で避難所として利用された学校を対象に文部科学省が実施した調査では、問題となった施設・設備として最も多く挙げられたのは「トイレ」で、実に74・7%に上りました。ほかには「暖房設備」（70・3%）「給水・上水設備」（66・7%）と続きます。

被災状況は地域によって異なりますが、多くの地域が断水・停電している中で、飲み水よりもトイレが困ったという回答から、問題の深刻さがうかがえます。

指定避難所の防災力を検討する上では、「トイレ」の設備状況や災害用トイレの備えをチェックすることがとても重要です。

＊内閣府「平成27年版 防災白書」
https://www.bousai.go.jp/kaigirep/hakusho/h27/honbun/1b_1s_02_02.html

## 避難所で問題となった施設・設備は？

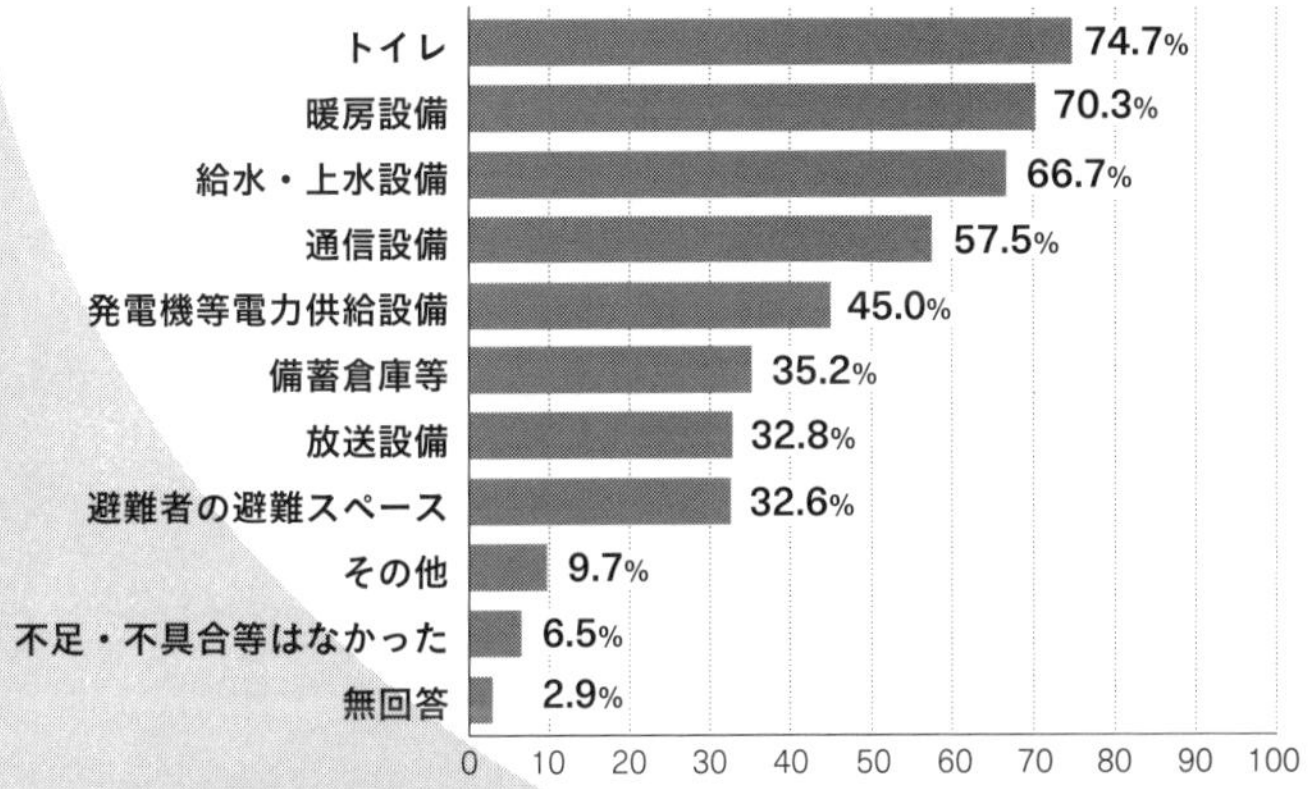


参考：文部科学省「災害に強い学校施設の在り方について」
https://www.mext.go.jp/component/b_menu/shingi/toushin/__icsFiles/afieldfile/2014/03/07/1344865_1.pdf

# 05

# 仮設トイレが3日以内に行きわたった自治体は34％

災害時にトイレを確保するための有力なメニューのひとつが、「仮設トイレ」です。東日本大震災で被災した地方自治体に「仮設トイレが避難所に行き渡るまでに要した日数」を尋ねたところ、3日以内と回答したのはわずか34％でした。1か月以上かかった自治体も14％に上り、最長では65日という回答がありました。

仮設トイレの搬送には、ほとんどの場合トラックが用いられます。したがって道路が正常に機能していることが前提になりますが、災害時には、地盤沈下や液状化、建物倒壊、ガレキなどによって道路を使えない場合があります。

さらに、広域的な災害や大規模な災害になると、その分必要とされる仮設トイレの数が多いため、供給が需要に追いつかない恐れもあります。つまり、調達がスムーズにできるかどうかは、そのときの状況次第なのです。

仮設トイレに限らず、外部から調達する物資は不確定要素に左右されやすいので、依存することは避けなければなりません。

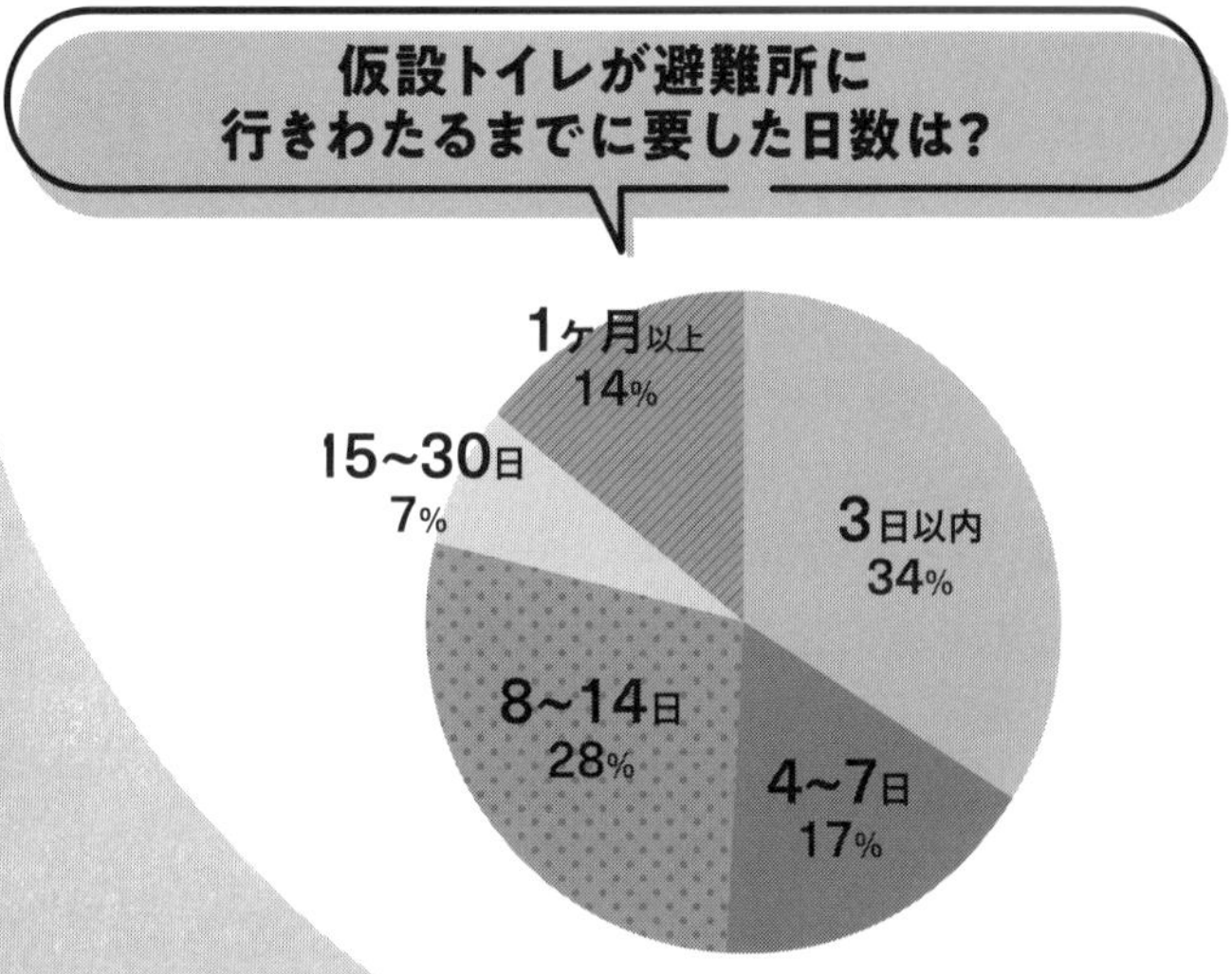


調査：名古屋大学エコトピア科学研究所　岡山朋子（2012年）
協力：NPO法人日本トイレ研究所

# 06

# 災害時にはトイレが大小便で満杯になる

阪神・淡路大震災のとき、使えない水洗トイレが大小便や汚れた下着、ごみなどであふれました。当時の状況から「トイレパニック」という言葉が生まれたといわれています。どうしてこんなことが起きたのでしょうか。

私たちは平常時、排泄後に洗浄レバーをひねったり、洗浄ボタンを押したりして水を流します。つまり、断水していても、それに気づくのは排泄した後ですので、手遅れになることが多いのです。

地震による被災後、水や食料よりも先にトイレが必要になることは、すでに述べたとおりです。発災直後、多くの人が混乱状態の中でトイレを使用します。極度のストレス状態に陥って、下痢や嘔吐することも考えられます。

駆け込んだトイレの便器に、前の人の排泄物が残っていたとしても、お構いなしに次から次へと使用するしかなく、あっという間に大小便で満杯になります。メディア等ではほとんど取り上げられませんが、被災地のトイレ問題は深刻です。水が使えない以上、大小便を取り除くこともトイレを掃除することも容易ではありません。

## 阪神・淡路大震災被災地のトイレの状況は?

写真:NPO法人日本トイレ研究所(アーカイブ 災害時のトイレ事情)

# 07

# 安心できないトイレは「我慢」を引き起こす

トイレを我慢する、つまりトイレに行きたくないと感じてしまう原因は人それぞれ異なります。臭かったり、汚れていたりするトイレは、誰もが避けたくなるものです。特に女性や子どもであれば、暗がりにあるトイレは怖いでしょう。寒い時期には、屋外のトイレは使いたくありません。風雨等の悪天候時も同様です。遠くにあって行くのが大変なトイレも使いづらいです。また、男女共用しかない場合や、数が少なくてトイレ待ちの行列ができる場合も困ります。車いす利用者や足腰が悪い人は、段差があるトイレや和式便器が使えません。和式便器は、慣れていない子どもにとっても困難です。

このようにトイレを不便もしくは不快と感じてしまうきっかけがひとつでもあると、私たちはトイレになるべく行かなくて済むように、意識的にも無意識的にも、水分摂取を控えがちになり、その結果として体調を崩してしまいます。平成16年新潟県中越地震に関する住民アンケート調査（小千谷市・川口町編）でも、かなりの人が、トイレを理由に水分を控えていたことがわかります。

## 避難所で体験した“困ったこと”は？

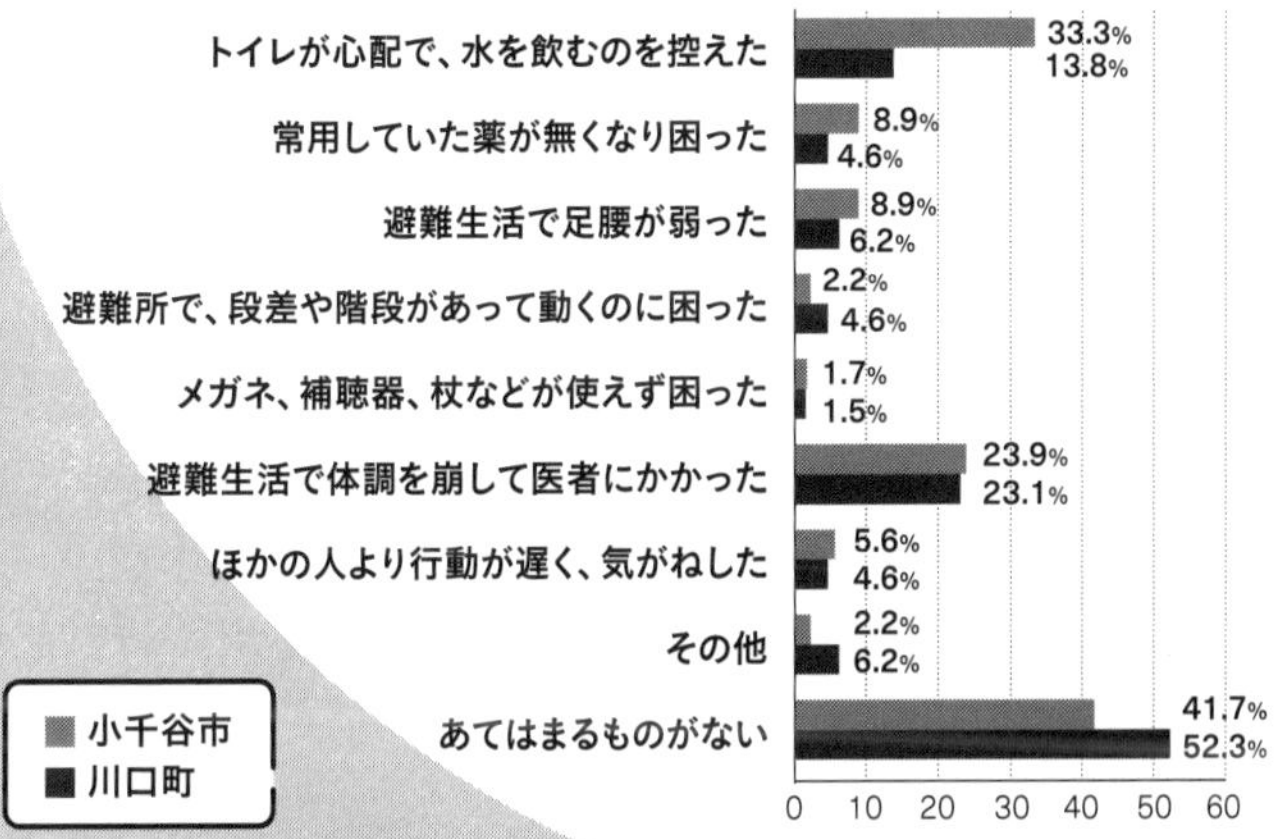


出典：中山間地等の集落散在地域における地震防災対策に関する検討会
「平成16年新潟県中越地震に関する住民アンケート調査 調査結果」
https://www.bousai.go.jp/kohou/oshirase/h17/pdf/shiryou5-2.pdf

# 08

# トイレの我慢はエコノミークラス症候群による関連死につながる

「エコノミークラス症候群」という言葉を耳にしたことはないでしょうか。狭くて窮屈な場所で、長時間同じ姿勢のまま座っていることの多い被災時に、発症のリスクが高まる病気のひとつです。血行不良でふくらはぎあたりの血管に血のかたまりができ、急に足を動かした際にそれが血管を流れて肺に詰まる(肺塞栓)など、命にかかわります。この予防には、適切に水分を補給し、体を動かすことが重要だとされています。

新潟県中越地震の発生後、県内にある100床以上の病院を対象に実施された調査では、発災から14日目までの間に、車中泊者11人が、エコノミークラス症候群によるものと思われる肺塞栓症を患って入院し、うち6人は亡くなったことが分かっています。そして、この結果を踏まえて策定された「災害時循環器疾患の予防・管理に関するガイドライン（2014年版）」では、震災後の肺塞栓症の危険因子のひとつとして「夜間排尿を避けること」が挙げられているのです。また、「循環器内科医のための災害時医療ハンドブック」も、東日本大震災における宮城県内の避難所で発症が確認された深部静脈血栓症の危険因子として、「トイレを我慢」を挙げています。

## 被災時の発症リスクはどれくらい?

新潟県中越地震後２週間以内に発症した肺塞栓症

| 年齢・性別 | 車中泊数 | 車種 | 座席 | 発症日 | 予後 | 睡眠剤安定剤 | 夜間トイレ、歩行など |
|---|---|---|---|---|---|---|---|
| 79歳・女 | 14日 | 普通 | 後部 | 11/ 7 | 生存 | なし | あり |
| 76歳・女 | 2日 | 普通 | 後部 | 10/25 | 生存 | あり | あり |
| 75歳・女 | 3日 | | | 10/31 | 生存 | | |
| 64歳・女 | 5日 | | | 10/28 | 生存 | | |
| 60歳・女 | 14日 | 普通 | 後部 | 11/7 | 生存 | なし | あり |
| 50歳・女 | 6日 | 軽自動車 | | 10/29 | 死亡 | あり | なし |
| 50歳・女 | 2日 | | | 10/25 | 死亡 | | |
| 48歳・女 | 5日 | ワゴン車 | 運転席 | 10/28 | 死亡 | あり | なし |
| 47歳・女 | 5日 | | | 10/28 | 死亡 | | 足が不自由 |
| 46歳・女 | 2日 | | | 10/29 | 死亡 | | |
| 43歳・女 | 4日 | 軽自動車 | 後部 | 10/27 | 死亡 | あり | なし |

出典：榛沢和彦（新潟大学大学院医歯学総合研究科呼吸循環外科学分野）「災害と肺塞栓症（静脈血栓塞栓症）」
https://www.jstage.jst.go.jp/article/shinzo/46/5/46_569/_pdf

# 09

# 不衛生なトイレは感染症の温床になる

トイレを使用する際、ほとんどの人が同じ箇所に触れます。例えば、ドアの取っ手、鍵、便座のフタ、便座、トイレットペーパーホルダー、洗浄レバーやボタン、手洗い場の蛇口です。これらが汚染されていた場合、ウイルスや細菌が人の手を介して伝播することになります。単に手が汚れるだけでは感染しませんが、私たちは無意識に手で顔に触れているため、目や口、鼻の粘膜を通じて感染するリスクが小さくありません。

手洗いやトイレ掃除が十分にできない不衛生なトイレを不特定多数の人が使用し続けると、感染性胃腸炎などのウイルス感染症に罹患するリスクを高め、集団感染を引き起こします。

東日本大震災では、石巻赤十字病院などの調査で、津波被害のあった石巻市および東松島市、女川町にある公立学校や公民館など、計272か所の避難所のうち約4割のトイレで汚物処理が十分にできず、少なくとも約50人に下痢、約20人に嘔吐の症状がみられました。

感染症予防の観点からも、トイレを衛生的に保つことは非常に重要です。

## 人間が無意識に顔に触れる回数は？

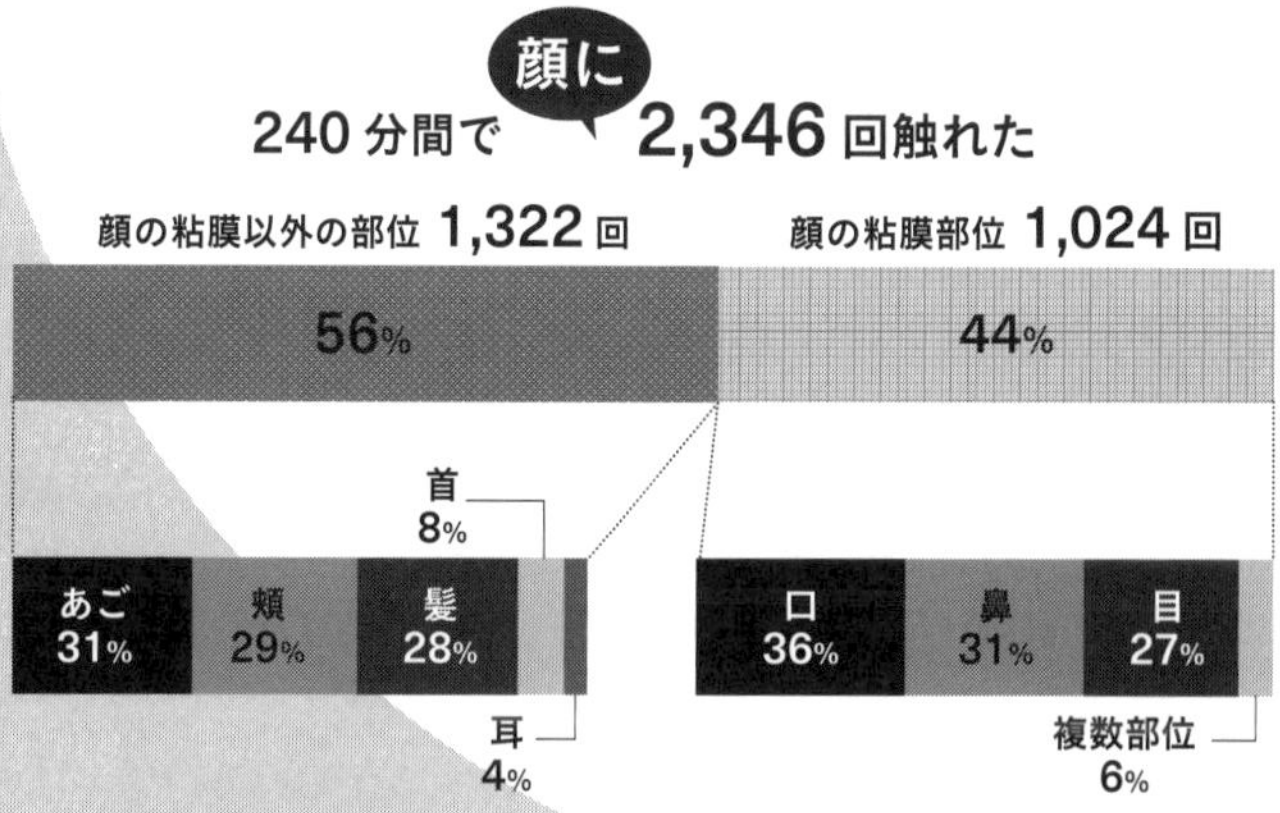


出典：Kwok, Y. L., Gralton, J., & McLaws, M. L. (2015). Face touching: a frequent habit that has implications for hand hygiene. American journal of infection control, 43(2), 112–114. https://doi.org/10.1016/j.ajic.2014.10.015

# 10

# 口腔ケアと排泄ケアはつながっている

排

尿・排便をスムーズにするためには、水分と食事をしっかりと摂る必要があります。このとき気をつけなければならないのが、「口腔ケア」です。

水分摂取が不十分で口の中が乾燥してしまうと、ウイルスなどに感染しやすくなります。特に水が使えない災害時は、日頃当たり前のように行っている歯磨きやうがいなども、ないがしろになりがちです。食事の汚れが残った状態にしておくと、細菌が増え、虫歯や歯周病、さらには誤嚥《ごえん》性《せい》肺炎になる恐れもあります。誤嚥性肺炎とは、唾液や食べものが誤って気道に入ることにより引き起こされる疾患で、命を落とすことにもつながります。

水や歯ブラシが手に入らない場合、液体歯磨きで口をすすいだり、指に巻いたティッシュペーパーや専用のウェットティッシュで歯の汚れを拭き取ったりすることが効果的です。もし歯ブラシがあれば水に浸してからブラッシングし、歯ブラシの汚れをティッシュで拭き取りながら繰り返します。最後は、少量の水で2～3回に分けて口の中をすすいでください。

口腔ケアができていなければ健康的に食べることができませんし、食べられなければ排泄も乱れます。口腔ケアと排泄ケアはつながっていることを認識しましょう。

## 災害時の口腔ケアは?

11

# 便器に溜まっている水は臭気と虫を防ぐ

家

　庭用水洗トイレの便器の底には、基本的に水が溜まっています。この水の役割は３つあります。１つ目は便器を汚れにくくすることです。乾燥した便器に便が触れると汚れやすくなりますので、それを防ぎます。２つ目は便を水没させることで臭気を抑えることです。和便器のように便が露出した状態では、臭気がきつくなります。３つ目は、便器からの汚水が流れていく排水管から臭気や衛生害虫が侵入してこないように防ぐことです。

　こうしたことから、便器内に溜まっている水は「封水」と呼ばれます。ちなみに便器だけでなく、台所や風呂、洗面、洗濯機パンなども同様です。それぞれの排水口のすぐ下部の配管をS字型等にすることで封水を溜める「トラップ」と呼ばれる箇所が設けられています。

ところが、便器を長期間使用しなかったり、何らかのトラブルで排水管内の圧力変動があったりすると、封水が無くなり、排水管内とトイレ室内の空気が直接つながってしまうため、臭気が発生します。

災害時は、この封水が無くなりがちです。避難などにより長期間、便器を使用しない場合は、便器に水を補給したうえで、ラップで密封することにより、封水の蒸発等を予防できます。

## 封水の蒸発にはどう対策する？

水を補給する

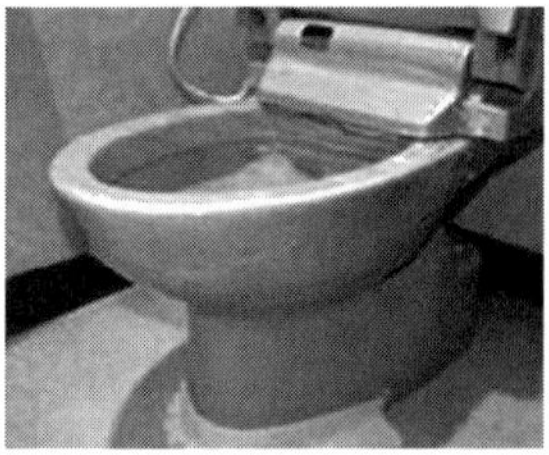
ラップで密封する

出典：公益社団法人空気調和・衛生工学会　集合住宅の在宅避難のためのトイレ使用方法検討小委員会「集合住宅の『災害時のトイレ使用マニュアル』作成手引き」p.19、http://www.shasej.org/iinkai/200603/20200603.pdf

# Part 2

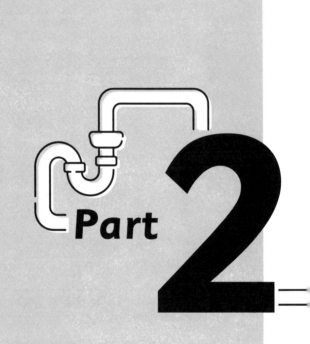

自宅・職場で今すぐ実践！

# 災害が起きる前の備え

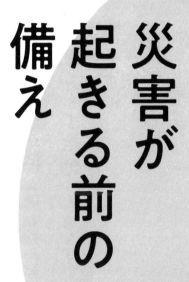

# 12

# トイレ個室内の棚に重いものと硬いものは置かない

地震で自宅の便器が倒れることは、ほとんどありません。それは、便器が床に固定されているからです。

しかし、地震の揺れでトイレの棚などから重いものや硬いものが落ちると、その衝撃で便器が破損することがあります。

後述しますが、断水時にも建物内の便器を有効活用する方法があります。そのためにも、便器の破損は避けなければなりません。

基本的な心構えとして、自宅のトイレの高いところに重いものや硬いものは置かないようにしてください。便器は排水管を通じて下水道や浄化槽とつながっているので、便器が壊れてしまうと、トイレ室内に臭気や虫等が発生してしまうことも考えられます。

もし便器を破損した場合は、下図のようにビニール袋の中に布を入れ、それを排水口に詰めることで臭気等の逆流を防ぐことができます。

## 破損した便器にはどう対応する?

重いものや
硬いものが落下
便器が壊れ
臭気や虫等が発生
ビニール袋に布を入れ
排水口に詰める
ガタ
ガタ

参考：公益社団法人空気調和・衛生工学会 集合住宅の在宅避難のためのトイレ使用方法検討小委員会「集合住宅の『災害時のトイレ使用マニュアル』作成手引き」p.19
http://www.shasej.org/iinkai/200603/20200603.pdf

# 13

# トイレに備える非常用照明はランタンタイプが効果的

トイレを安心して使う上で欠かせないのが照明です。災害時は停電しますので、トイレも真っ暗になります。窓がなければ、昼間でも暗くて何も見えません。暗いトイレは不安です。また、排泄後に上手く拭けたかどうかがわからないだけでなく、手を汚してしまうかもしれません。

トイレで使用する照明を備えておくことは、精神的にも衛生的にもとても重要です。しかし、照明であればなんでもよいかというと、そうではありません。トイレ用の照明選びのポイントは大きく2つあります。

1つ目は、使う時に手をふさがないことです。片手に何かを持ったまま排泄するのは難しく、ズボンのボタンを外すだけでもひと苦労です。フックに引っ掛けたり棚などに置いたりできるものがよいでしょう。ヘッドライトでもよいです。

2つ目は、空間全体を照らせることです。これらを踏まえるとランタンタイプのような照明が効果的です。ただし、懐中電灯タイプでも、水の入ったペットボトルを乗せたり、ビニール袋を被せたりして光を乱反射させれば、空間全体を照らすことができます。

## 備えておきたい照明の例は？

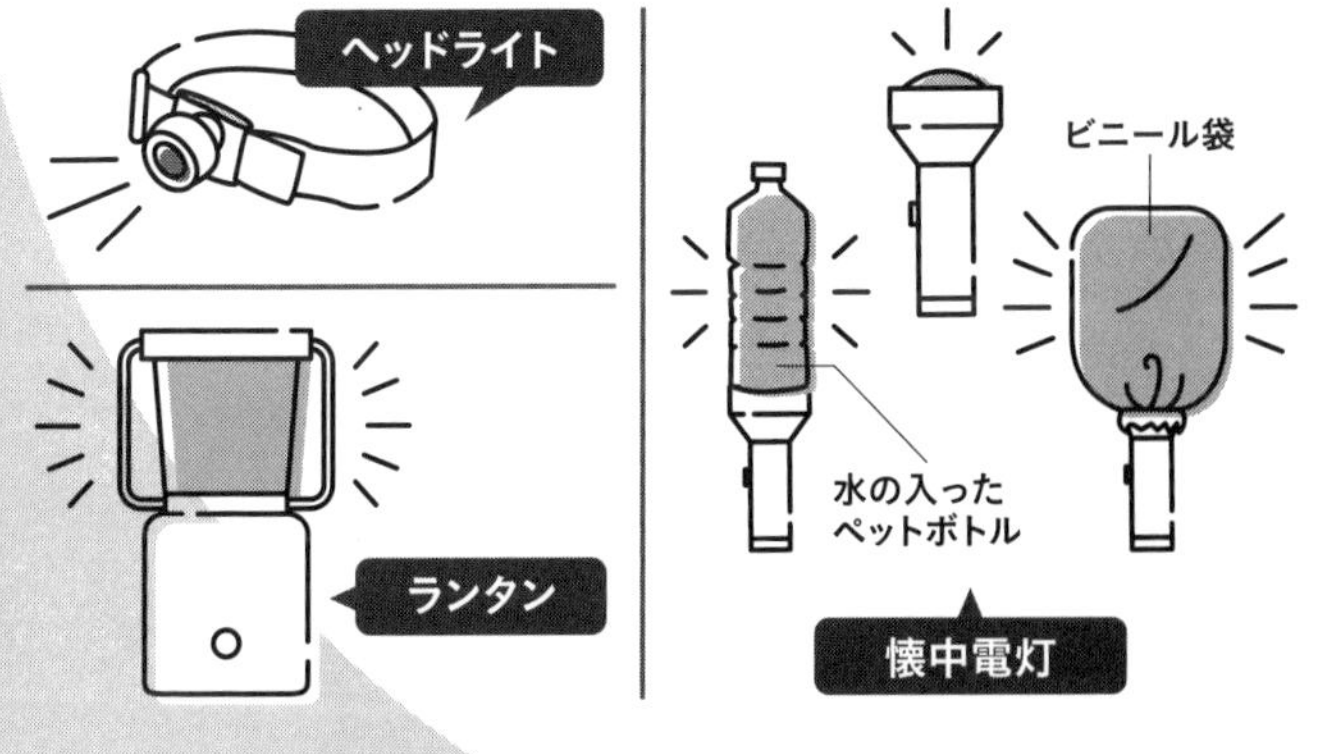


参考：日本トイレ研究所 YouTube
「災害時、停電したときのトイレの灯りはどうする？」
https://youtu.be/deF5eUg1Ed0

# 14

# 後悔しないための携帯トイレの選び方・使い方

携帯トイレとは、便器に設置して使用する袋式のトイレです。袋の中に排泄し、吸収シートや凝固剤で大小便を吸収・凝固させます。

給排水設備が損傷して水洗トイレが使用できないときでも、便器に取りつければすぐに使用できることが利点です。また使い慣れたトイレ室を活用できるため安心です。

一方、いくつかの注意点があります。まず携帯トイレを選ぶ際は、大小便をしっかり吸収・凝固できること、一定期間保管しても液体に戻らないこと、臭気対策が施されていることなどをチェックしてください。衛生的な問題が生じないよう、性能の良いものを選びましょう。

また、使用時に直接便器に取り付けることはおすすめしません。先に45リットル程度のポリ袋を便器に被せてから便座を下ろし、その上に携帯トイレを取りつけましょう。こうすれば、携帯トイレの交換時に水が滴ることはありません。

【58】を参考に、事前に使い慣れておくことをおすすめします。

## 携帯トイレを使うときのポイントは？

袋の中に吸収シートや凝固剤を入れ、大小便を固めることができる
使用後は可燃ごみとして収集されるまで保管する
※市町村の確認が必要
便器にポリ袋を被せておくことで、携帯トイレが濡れるのを防ぐ

参考：NPO法人日本トイレ研究所「災害で断水しても 建物内のトイレを利用できる」
https://www.toilet.or.jp/sp/toilet-think/assets/_data/toilet_type_1.pdf

# 15

# 使用済みの携帯トイレはフタつきの入れ物で保管する

携帯トイレを使用した後の取り扱い方法について説明します。市町村への確認が必要ではありますが、概ね可燃ごみとして収集・処理されます。

可燃ごみとして収集するということは、ごみ収集車等で運ぶことになります。災害時は地盤沈下や液状化、浸水、建物倒壊などで道路が塞がれてしまう可能性があります。通常であれば、すぐに実施できたごみ収集でも、災害時は思うようにいきません。

例えば、横浜市地域防災計画では、「生活ごみ・避難所ごみは体系的な被災状況を把握のうえ、本市職員などによる収集体制を整え、発災から72時間までに順次収集業務を開始する」となっています。災害の規模や被災状況によっても異なりますが、少なくとも数日間は、各自で使用済み携帯トイレを保管することが求められます。

携帯トイレの中身は大小便ですので、臭気対策が必要になります。また、直射日光があたると袋の劣化につながるので、フタつきの入れ物などに入れてベランダや庭など、生活空間と切り離した場所に保管することが必要です。

大小便のほとんどは水分ですので、一度にたくさんの量は重くて運べません。袋が破れないように注意することも必要です。

# 16

# 「人数×回数×日数」で携帯トイレを常備する

自宅で避難生活を送るには、携帯トイレの備えが欠かせません。では、携帯トイレはどのくらい必要になるのでしょうか?

携帯トイレの必要数を計算するには、避難生活を送る人数、1日当たりの排泄回数、そして避難生活を送る日数を想定する必要があります。これらが分かれば、「人数×排泄回数×避難日数」という計算式で、携帯トイレの必要数を導き出すことができます。ここでは仮に4人家族を想定してみます。排泄回数は一人ひとり異なりますので、それぞれが実際に数えてみることをおすすめします。

内閣府(防災担当)が作成した「避難所におけるトイレの確保・管理ガイドライン」

16

## 「人数×回数×日数」で携帯トイレを常備する

では、1日当たりの平均的なトイレ使用回数の目安は「5回」と記載されています。

避難日数は災害規模によって大きく異なりますが、国が定める「防災基本計画」では、住民に対して最低3日間、推奨1週間分の携帯トイレ・簡易トイレ、トイレットペーパー等を備蓄することを啓発するように記載されています。

以上をまとめると、4人家族であれば次のような計算になり、140回分の携帯トイレが必要になります。

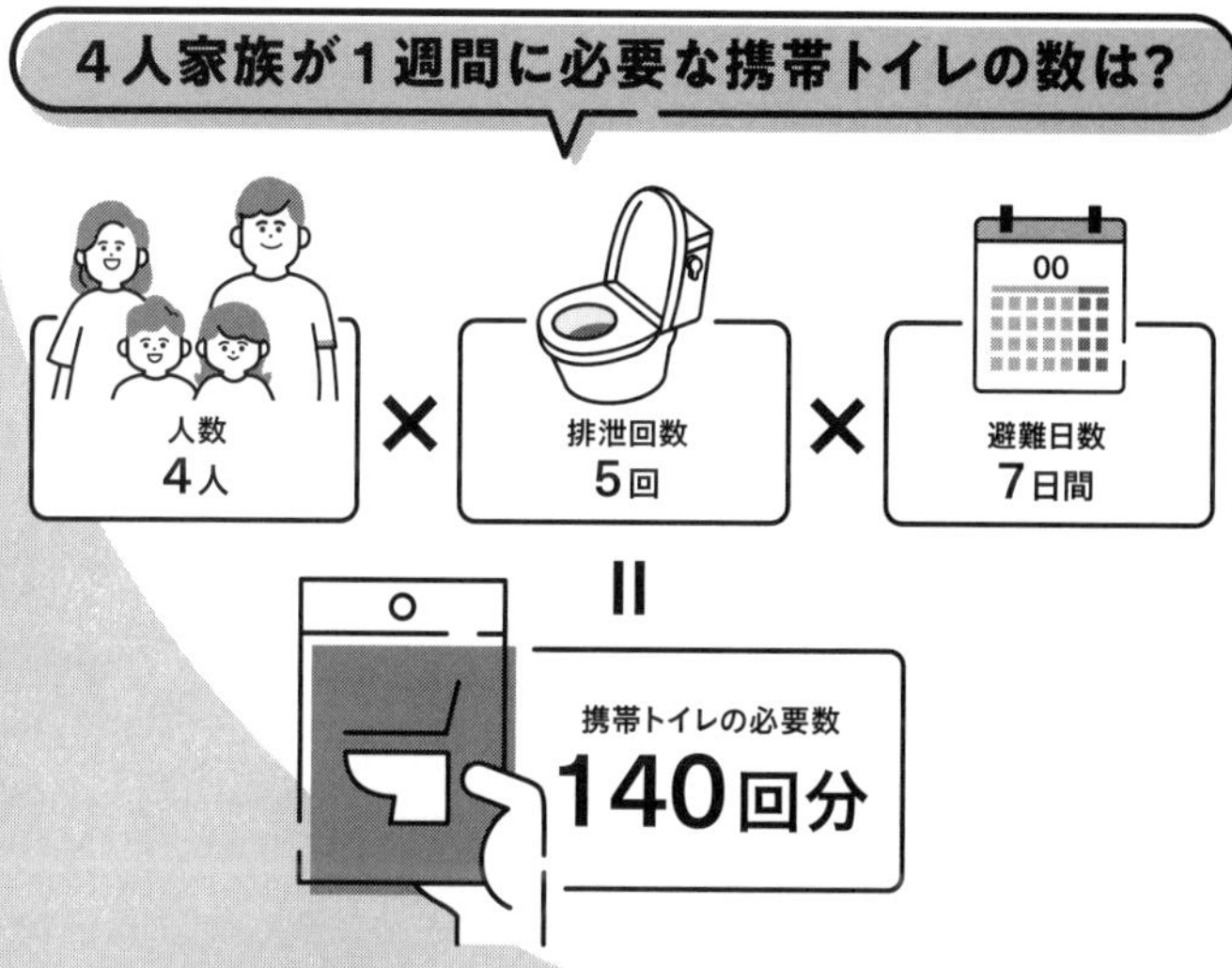

# 17

# 必要な備えを知るのに便利な「排便日誌」と「排尿日誌」

避

難生活は、極度なストレス状態と食事内容の変化により、体調を崩しやすくなります。そうした健康の変化を知らせてくれるのが排泄です。

災害時のトイレを備えるには、自分の排泄を知ることが必要です。ここでいう〝排泄を知る〟とは、排尿回数と排尿量、そして排便回数と便形状を指します。

排泄を知るメリットは大きく2つあります。1つ目は、携帯トイレがどのくらい必要なのかが明確になることです。携帯トイレの吸収量はメーカーによって異なるので、自分の排尿量が分かればより安心できます。2つ目は、平時の健康な排泄状態を把握しておくことで、体調の変化に気づきやすくなることです。具体的には、排

17

## 必要な備えを知るのに便利な「排便日誌」と「排尿日誌」

尿回数が極端に減ったことが分かれば、水分摂取に気をつけるようになります。便形状が分かれば、食べるものに意識が向くようになります。

まずは自身の排泄を知るために、1週間の排便日誌（排便回数と便形状）と排尿日誌（排尿回数・排尿時刻と排尿量）をつけてみることをおすすめします。

なお、便形状については、次のブリストル便形状スケールを参考にしてください。これは便の形状を7つに分類したもので、もっとも良い形状は4番です。

### 便の形状にはどのようなものがある？

| | | | |
|---|---|---|---|
| 1 | コロコロ便 | 硬くてコロコロの兎糞状（排便困難な）便 |  |
| 2 | 硬い便 | ソーセージ状ではあるが硬い便 |  |
| 3 | やや硬い便 | 表面にひび割れのあるソーセージ状の便 |  |
| 4 | 普通便 | 表面がなめらかで柔らかいソーセージ状、あるいは蛇のようなとぐろを巻く便 |  |
| 5 | やや柔らかい便 | はっきりとしたしわのある柔らかい半分固形の（容易に排便できる）便 |  |
| 6 | 泥状便 | 境界がほぐれて、ふにゃふにゃの不定形の小片便、泥状の便 |  |
| 7 | 水様便 | 水様で、固形物を含まない液体状の便 |  |

参考：一般社団法人日本小児栄養消化器肝臓学会「小児慢性機能性便秘症診療ガイドライン」
加藤篤『うんちはすごい』（イースト・プレス）

## 18

# トイレットペーパーの使用量を把握する

トイレットペーパーを1か月にどのくらい使っているか、見当がつくでしょうか？　もし災害が起きた場合、今、自宅にあるトイレットペーパーの量で足りるのか、どのくらいの期間もつのかがわからないと不安になります。停電・断水時は、温水洗浄便座を使用することができないので、なおさらです。必要な量は個人差もあるので、自分が安心できる量を把握しておくことが必要です。

目安となる量の測り方は簡単です。いつも通りにトイレットペーパーを手に巻き取り、それを伸ばして測ってみましょう。1回あたりの使用量が分かれば、あとは掛け算です。できれば、1か月分の備えをおすすめします。以下の計算式で算出し

18

## トイレットペーパーの使用量を把握する

た数値を、1ロールあたりの長さで割れば1か月間で必要なロール数がわかります。

日本家庭紙工業会「日本家庭紙工業会からのお知らせ（第2報）」によると、トイレットペーパーの平均的な利用量は、1週間程度で1ロールです。これをもとにすると、1か月で4ロールですが、シングルロール（1枚巻き）やダブルロール（2枚重ね巻き）、さらにはロングロール（長尺巻き）など様々なので、日ごろ使い慣れているもので実際に測ってみましょう。

### 1か月に必要なトイレットペーパーはどう割り出す？

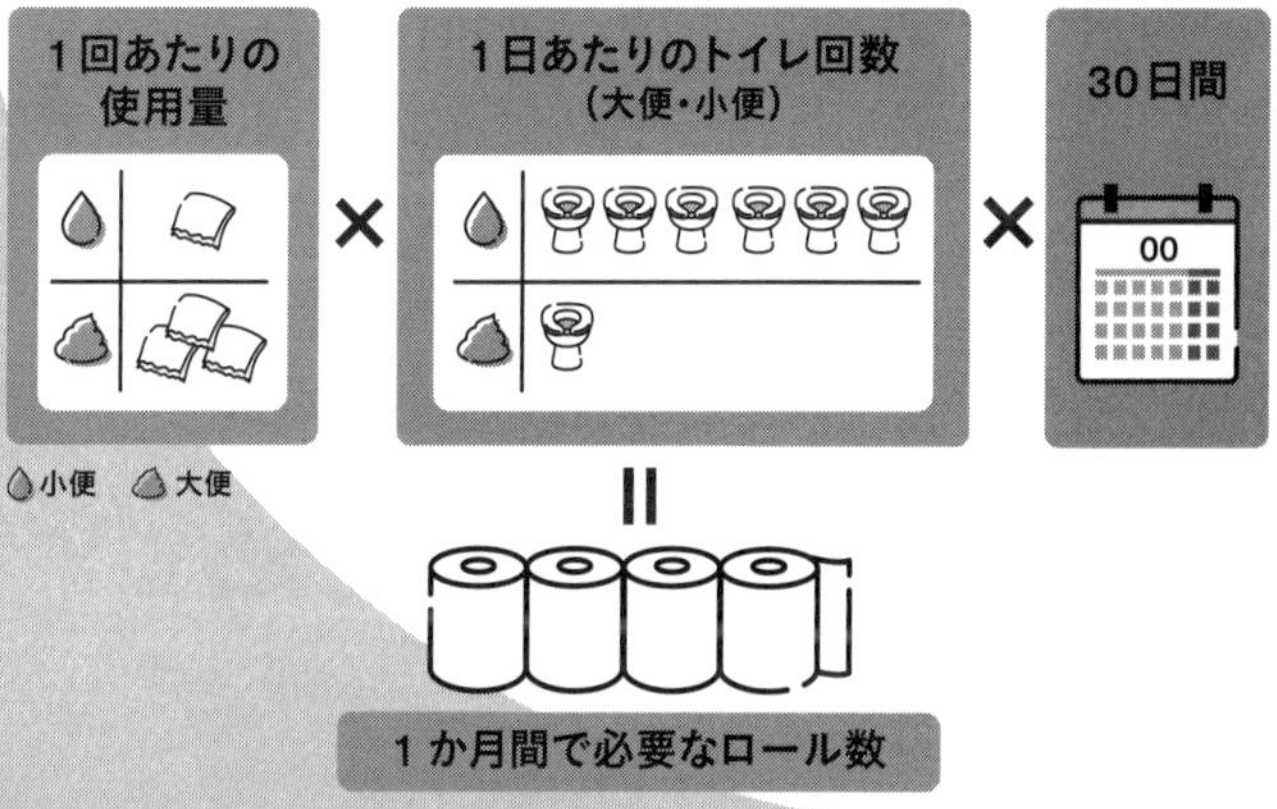

## 19

# 手洗いでは石けんの種類よりも洗浄時間を意識する

感染症予防としての手洗いの目的は、目に見える手指の汚れを落とすだけでなく、付着しているかもしれないウイルスや一時的に皮脂膜にくっついた菌を落とすことです。そこで大切なのは、使用する石けんの種類よりも、「丁寧さ」です。

石けんが固形であろうと液体であろうと、よく泡立てて、手のシワの間や爪の間に行きわたらせてください。手洗いの洗い残しが多いのは、爪、指先、指の間、親指と人差し指の間、手首です。また、爪を短く切っておくことも必要です。固形石けんは濡れたままにしておくと不衛生ですし、泡立ちにくくなりますので、できるだけ水分のない状態を心がけましょう。

各部位をしっかり洗うには、時間をかけることが必要です。厚生労働省と経済産業省の資料では、石けんやハンドソープで10秒もみ洗い後、流水で15秒すすぐと残存ウイルスが約0・001%になり、これをもう一度繰り返すと約0・0001%になると説明しています。約100万個のウイルスが数個になるということです。

手洗いの際は、ぜひ時間を意識してみてください。

## 丁寧な手洗いで効果はどう変わる？

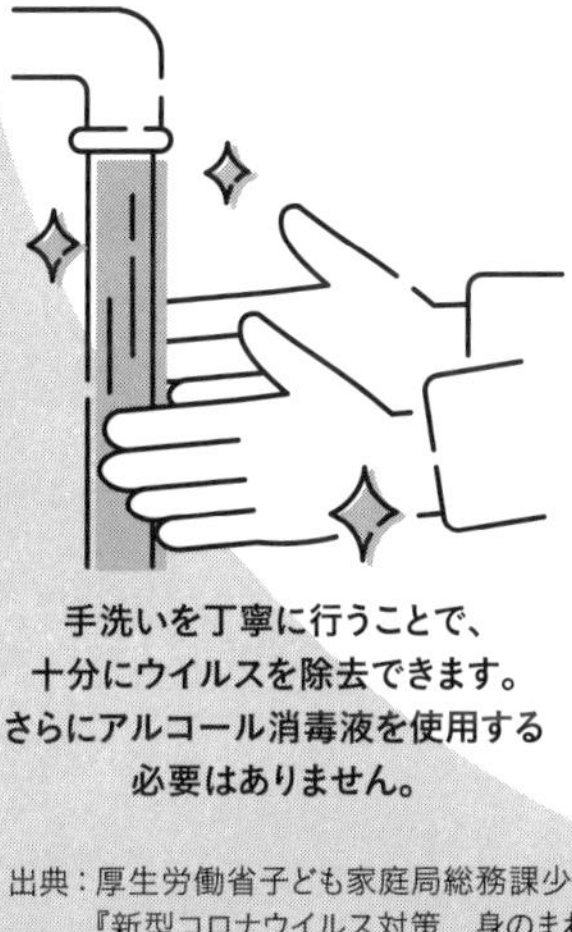

手洗いを丁寧に行うことで、
十分にウイルスを除去できます。
さらにアルコール消毒液を使用する
必要はありません。

**手洗いなし**
残存ウイルス
約**100**万個

**手洗いあり**
石けんやハンドソープで
10秒もみ洗い後
流水で15秒すすぐ

| 1回 | 2回繰り返す |
|---|---|
| 残存ウイルス<br>**数十個**<br>約0.001% | 残存ウイルス<br>**数個**<br>約0.0001% |

出典：厚生労働省子ども家庭局総務課少子化総合対策室ほか「社会福祉施設等に対する『新型コロナウイルス対策　身のまわりを清潔にしましょう。』の周知について」p.2
https://www.mhlw.go.jp/content/000617981.pdf

# 20

# 手を洗うだけではなく清潔なペーパータオルでしっかり〝拭き取る〟

手洗いに関して意外とないがしろにしがちなのが、「仕上げ」です。仕上げというのは、手洗い後に手を濡れた状態で放置せず、水滴等を拭き取ることです。手が濡れていると、付着しているウイルスや菌などが他のものに移りやすいので、手で触れたものを汚染してしまう可能性があるからです。

特に、調理をする前は、石けんでの手洗いの後、ペーパータオルで水分を吸い取りつつ、しっかり拭き取ることが大切です。この拭き取るという行為によって、手に残っているウイルスや菌を減らすことができます。

また、手洗い後にアルコール消毒する際にも、手に水分が残っていると消毒効果が十分に発揮されません。アルコール濃度が薄まってしまうからです。

下図は、「学校給食調理場における手洗いマニュアル」（文部科学省スポーツ・青少年局学校健康教育課　平成20年3月）の参考資料に掲載されている図です。手に付いた大腸菌の除去効果を表しています。石けんと流水による手洗い後にペーパータオルで拭き取ることで、菌数をかなり減らせていることがわかります。

洋服などで手を拭いて済ませるなんていうことはせずに、清潔なペーパータオルでしっかりと拭き取るようにしましょう。

## 洗って・拭いて・殺菌消毒の効果は？

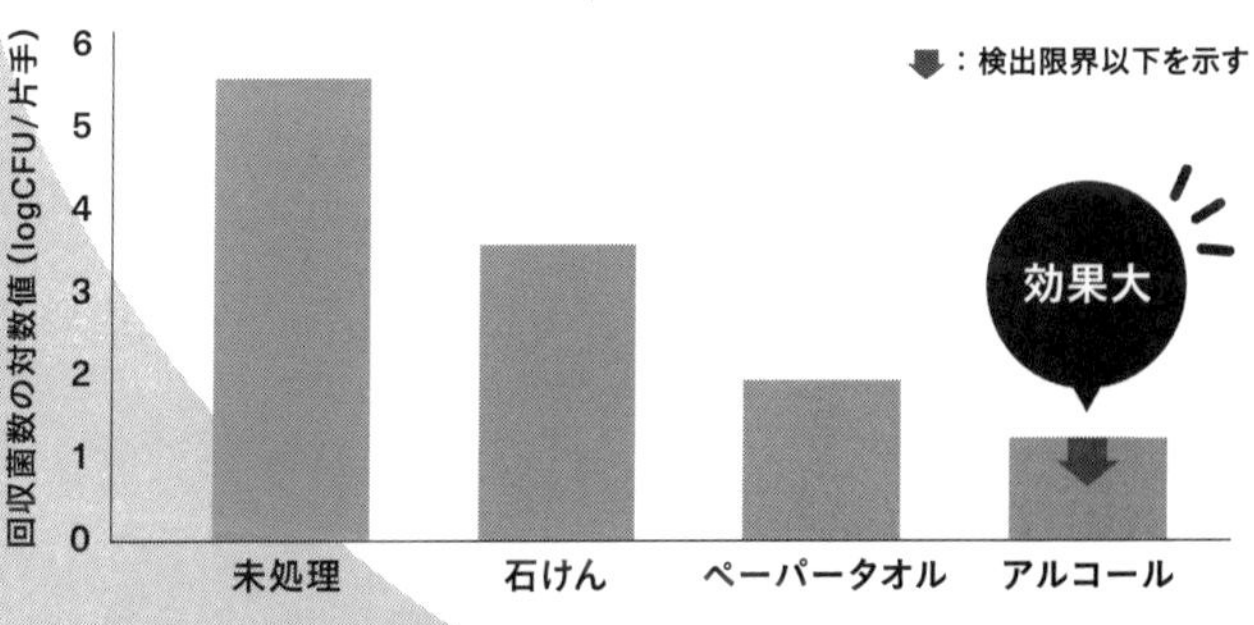


出典：文部科学省「学校給食調理場における手洗いマニュアル 参考資料」p.32、
https://www.mext.go.jp/a_menu/sports/syokuiku/08040316.htm

# 21

# アルコール消毒薬は指からしたたるくらいの量が必要

新型コロナウイルス感染症予防として、様々なタイミングでアルコール手指消毒をすることが当たり前になりました。ショッピングセンターやオフィス等の入口には必ずと言っていいほど、アルコール消毒薬のボトルや機械が設置されました。

このアルコール消毒薬で手指を適切に消毒するためには、どのくらいの量を手に取ることが必要かご存知でしょうか？

必要な量のイメージとしては、手の指の間からしたたり落ちるくらい、もしくは15秒以内に乾かないくらいの量です。

ポンプ式の場合、ノズルを下まで押し切ると、約3ミリリットル出ます。ワンプッシュで足りなければ複数回プッシュしてください。手のひら、手の甲、指先、爪の間、指の間、手首などにしっかりすりこみ、乾燥させることで効果を発揮します。なお、ジェルタイプは、手のひらに500円硬貨大の大きさを手に取ることを目安にするとよいでしょう。

手が汚れている場合は、そのままアルコール消毒薬を手にすりこんでも効果が十分に発揮されないので、あらかじめ石けんと流水による手洗いが必要です。

アルコール消毒液の目安量は？
手の指の間から
したたり落ちるくらいの量
15秒以内に
乾かないくらいの量
or
15秒

参考：日本トイレ研究所YouTube「『感染制御の専門家に聞く！トイレと新型コロナウイルス感染症予防②』1回の手指消毒に使うアルコール消毒薬の分量はどのくらい？」

# 22

# 便器の洗浄水量を把握する

水洗トイレで流す水の役割は大きく2つあります。1つ目は、便器の汚れを落とす、もしくは便器に汚れをつかなくすることです。2つ目は、大小便とトイレットペーパーを下水道や浄化槽まで、詰まることなく搬送することです。

断水時、もし外部から水を確保できるのであれば、これらの役割を果たすために必要な量の水を運ばなければなりません。その量は「1回あたりの洗浄水量×人数×トイレ使用回数」から求められます。

国内の家庭用水洗便器における大便使用時の洗浄水量は、最も節水性能の高いタイプで約4リットル、一般的な節水タイプで約6～8リットル、古く節水性能が低いタイプで10リットル以上と言われています。先の計算式に照らせば、とても人力で運べる量ではないことがわかります。単に便器から排出するだけではなく、下水道や浄化槽まで運ぶのに十分な量が必要なので、水を節約しようとしてむやみに水量を減らすと、詰まり等の発生につながります。

なお、一般社団法人日本レストルーム工業会は、大小便とトイレットペーパーを便器から適切な場所まで搬送する性能（大便器汚物搬送性能）として、排水管平均搬送距離が10メートル以上であることを基準にしています。

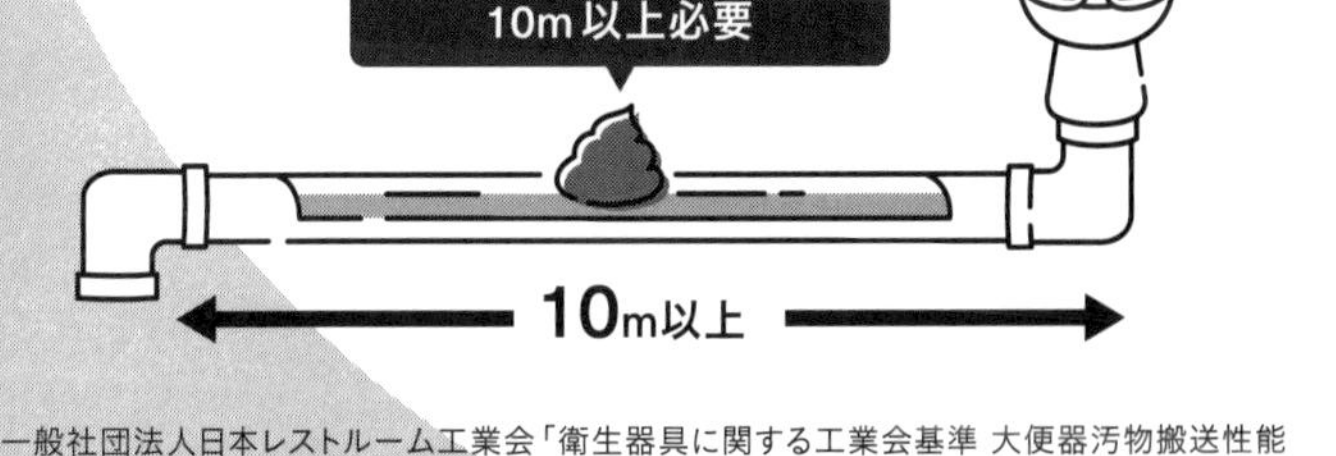
水洗トイレに求められる搬送性能は？


参考：一般社団法人日本レストルーム工業会「衛生器具に関する工業会基準 大便器汚物搬送性能（第１版）」p.5、
http://www.sanitary-net.com/trend/images/data03/decision02_decision_conveyance.pdf

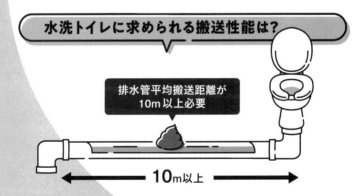

# 23

# 下水道タイプ・浄化槽タイプ・くみ取《とり》タイプのどれに該当するか知っておく

トイレを設置する場合は、「公共下水道接続」「合併処理浄化槽接続」「くみ取」の3つから選ぶことになります。

建築基準法では、下水道法における処理区域内に水洗トイレを設ける場合は、公共下水道に連結するものに限ることが定められています(第31条)。処理区域とは、大まかにいうと、公共下水道にトイレ汚水を流すことができ、さらにその汚水を終末処理場で処理することができる地域のことです。一方、トイレから発生する汚水を処理区域外で放流する場合は、合併処理浄化槽を設置して適切に処理することが必要です。

# 23 下水道タイプ・浄化槽タイプ・くみ取タイプのどれに該当するか知っておく

私たちの生活から発生する排水は、トイレ以外にも台所や洗濯、風呂等があるため、公共下水道か合併処理浄化槽に接続することが一般的です。

くみ取便所は、トイレからの排水・貯留が独立していて、かつ放流しない場合の選択肢です。設置するには、下の3つの基準に適合することが求められています。

災害時は下水道・浄化槽・くみ取のそれぞれにおいて対応方法が異なるため、自宅や職場のトイレがどれに該当するのかを把握しておきましょう。

## くみ取便所の構造は？

一．屎尿に接する部分から漏水しないものであること。

二．屎尿の臭気（便器その他構造上やむを得ないものから漏れるものを除く。）が、建築物の他の部分（便所の床下を除く。）又は屋外に漏れないものであること。

三．便槽に、雨水、土砂等が流入しないものであること。

出典：建築基準法施行令「第29条　くみ取便所の構造」

# 24

# 自主的に点検できる建物の箇所を把握しておく

地震による影響で排水設備に損傷がある場合、便器から汚水を流すとトラブルの原因になります。専門業者による詳しい点検が必要になりますが、災害時にはすぐ対応してもらえない可能性が大きいでしょう。

そこで、居住者自身で自主的に点検できるように、管理業者や専門家等に相談して、あらかじめ排水設備の主な点検箇所を把握しておくことをおすすめします。まず、自宅の便器から出た汚水が、どの排水管で建物外まで運ばれ、敷地内のどの部分を通って下水道や浄化槽に接続するのかを調べ、次に、建物内の排水管を外観から確認できる箇所がないか、探してみてください。どの部分が被災するかは災害が起きてみないとわかりませんが、地震動による挙動は建物と建物内の設備で基本的に同じなので、建物に排水管がしっかり固定されていれば破断するリスクは小さくなります。

一方で、建物から出て下水道や浄化槽につながるまでに地下で埋設されている管は、挙動が異なるため、破断するリスクが大きくなります。液状化により排水管が閉塞したり、逆こう配になったりすることも考えられます。特に、建物と地面の境目の部分は地盤沈下で排水管が破断しやすい部分です。このように点検すべき箇所がわかっていると、災害時の点検作業がスムーズになります。

## 把握しておきたい点検箇所は？

- ☑ 排水管が埋設されている位置
- ☑ 排水管を外観から確認できる場所
- ☑ 排水管が破断しやすい建物と地面の境目

# 25

# 信頼できる排水設備の維持管理業者を見分ける

トイレの詰まりや排水設備の破損などが起きたとき、慌てて格安を謳う業者に依頼した結果、高額な修理代金を請求されるトラブルがあるようです。詰まり程度であれば、まずはラバーカップを活用して自ら対応してみることも必要です。災害時も同様ですが、自力の対応で改善されない場合は、業者に依頼することになります。日頃から自宅の排水設備を維持管理している業者に、災害時の対応方法を相談しておくことが望ましいでしょう。決まった業者の当てがない場合は、地元の自治体に相談してみましょう。

例えば東京都には、「排水なんでも相談所」という制度があります。協力関係にある事業者の店舗を、宅地内の排水設備に関する困りごとの相談窓口として、都民に気軽に活用してもらうためのものです。共通のマークを掲げた業者の店頭であれば、原則として無料で相談に乗ってもらえます。また、東京都指定排水設備工事事業者の協同組合が運営する「総合設備メンテナンスセンター」もあります。ここでは、区部の宅地内排水設備の修繕を有料で取り扱っています。

　排水系統のトラブルは気づきにくいので、定期的な点検をおすすめします。

## 信頼できる業者を見分ける目印の例は？

下水道局の協力店です！
排水なんでも
相談所
お気軽にご相談下さい！

出典：東京都下水道局
「東京都指定排水設備工事事業者・排水なんでも相談所」
https://www.gesui.metro.tokyo.lg.jp/living/a4/list/

# Part 3

こんな時には？

# 戸建・集合住宅で調べておきたいトイレ対応

# 26

# 便器内に溜まった水の跳ね出しは汚水逆流の兆候

水

洗トイレの便器の底に溜まっている「封水」の役割については、【11】で解説しました。もしこの封水が便器から跳ね出す現象が起きたら、排水管のトラブルによる汚水の逆流が疑われます。

排水管はつながっていて、汚水は自然流下で高いところから低いところへと流れていきます。しかし、排水管のどこかに詰まりや管の逆こう配などの異常があると、汚水がスムーズに流れずに溜まってしまうことがあります。

このような状態で上階から汚水を流すと、管内の汚水が行き場を失い、どこかからあふれることになります。前兆として、まず管内の空気が逆流し、封水内からポ

26

便器内に溜まった水の跳ね出しは汚水逆流の兆候

コポコと空気が上がってきます。そしてそれが進行すると、封水の跳ね出しが起こります。

この現象は、大雨で浸水し、下水道や排水横主管（【32】参照）が満水になっている場合に水洗トイレを流そうとした場合にも起きる可能性があります。例えば、便器のフタを閉めておき、その内側が濡れていたら、汚水逆流の発生を疑いましょう。

## 汚水が逆流するメカニズムは？

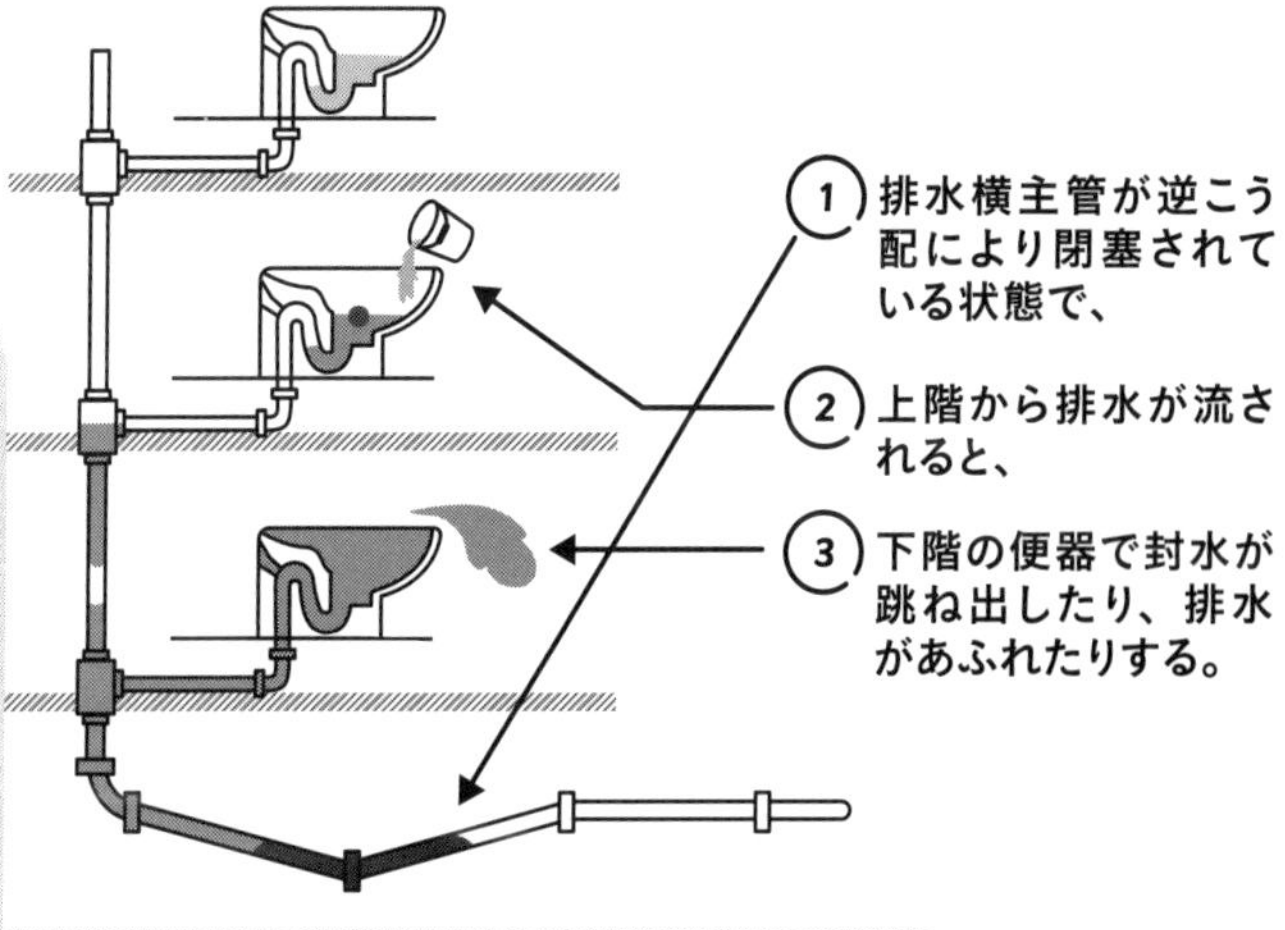
① 排水横主管が逆こう配により閉塞されている状態で、
② 上階から排水が流されると、
③ 下階の便器で封水が跳ね出したり、排水があふれたりする。

参考：公益社団法人空気調和・衛生工学会　集合住宅の在宅避難のためのトイレ使用方法検討小委員会「集合住宅の『災害時のトイレ使用マニュアル』作成手引き」
http://www.shasej.org/iinkai/200603/20200603.pdf

# 27

# 災害発生直後は設備点検より先に携帯トイレを取りつける

1で紹介したように、発災から3時間以内に約4割の人がトイレに行きたくなったというデータがあります。発災後3時間でできることは、命を守り、安全な場所に避難して安否確認をすることぐらいではないでしょうか。このような大混乱のなか、私たちは水や食料のことを心配すると思いますが、実はそれより先にトイレが必要になるのです。

急いですべきことは、避難所や自宅、オフィスなどのトイレに携帯トイレを取りつけることです。もちろん、トイレの天井が壊れていたり、トイレブースが倒壊していたりして、トイレが危険な場合はこの限りではありません。

# 27

## 災害発生直後は設備点検より先に携帯トイレを取りつける

私たちはトイレに行くとき、誰かに申告して行くわけではありません。基本的には各々が便意や尿意を催したときに誰にも言わずにトイレに行きます。体調を崩して嘔吐することもあると思います。そのため、どのタイミングで誰がトイレに行くのかはわかりません。停電していたとしても、断水に気づかずに排泄してしまうことが考えられます。

そんなとき、便器に携帯トイレが取りつけてあれば、災害時のトイレ対応であることに気づきます。携帯トイレの使用方法はわからない人がほとんどですので、ポスターやスタッフを介して伝えることも必要です。

給排水設備の点検等は、携帯トイレを取りつけてから実施してください。さきに点検を行っていると、その間にトイレを使用されてしまうからです。設備点検の結果、問題ないことが分かれば、携帯トイレを取り外せばよいだけです。

これまでの震災や豪雨災害において、携帯トイレを活用することでその場を乗り切った事例はあります。繰り返しになりますが、災害時はできるだけ早く携帯トイレを取りつけることが必要です。

# 28

## 停電時は散水栓から水を確保する

私たちの住戸への給水は、道路に埋設されている配水管から給水管を分岐して敷地内に引き込んで水を届けます。低層住宅の場合は、そのまま住戸内の蛇口に水が送られますが、高層住宅は水道水圧のみでは圧力が足りないので、ポンプで増圧・加圧します。その際に、受水槽で貯めてから増圧・加圧する方式もあります。詳しくは【35】を参照ください。

つまり、ポンプを用いて給水している建物は、災害で停電するとポンプが動かなくなるので断水します。一方で、低層住宅は停電時も水が出る可能性が高いです。ただし、水道施設から水を送る圧力が低下している場合は低層住宅であっても水が出なくなります。

ポンプを使用している建物の場合、停電によるポンプの停止で断水しているのか、水道施設や配水管の被災により断水しているのかを見極める必要があります。なぜなら、ポンプが原因での断水であれば、敷地内には水が供給されているため、何らかの方法で水を確保できるからです。

ポンプ停止による断水かどうかを簡易にチェックするひとつの方策として、屋外で水を使うための給水口（散水栓等）から水が出るかどうかをチェックする方法があります。ポンプを介する前の給水口から水が出るのであれば、地域への給水は機能していることになります。

日頃から散水栓等の場所を確認しておきましょう。


散水栓とは?

# 29

## 断水時にバケツで水を流す方法

断

水したとしても、排水管や下水道等が機能していればバケツで便器に水を流すことができます。もちろん、それなりの水量を確保できることが前提です。バケツで便器に水を流すにはコツが必要です。家庭の大便器には様々なタイプがあり、設計洗浄水量が異なるので、バケツ洗浄に必要な水量も異なります。ただし、コツを掴めば3〜6リットルで流せるようになります。ぜひ練習してみてください。

バケツ洗浄の手順を以下に説明します。

①便器によっては、停電時、バケツ洗浄に切り替える操作が必要な場合があります

②本物の大便では気が引ける場合、トイレットペーパー（シングル）90㎝を8つ折り（正

方形）にしたものを４つ（ダブルなら2つ）作成し、それを重ねて疑似的な便とします

③疑似的な便を大便器の封水の真ん中に置いて、しっかりと水に浸します

④バケツの水で大小便を便器奥に押し込むように素早く流します（バケツの水が常に大小便に当たり続けるように流します）

⑤トイレットペーパーと水がゴボゴボッと吸い込まれるように流れていけば成功です

バケツ洗浄後に封水が少なくなったら、少し水を足してください。排泄後に使用したペーパーは詰まりの原因になるので流さずに分別してください。

## バケツで水を流す方法は?

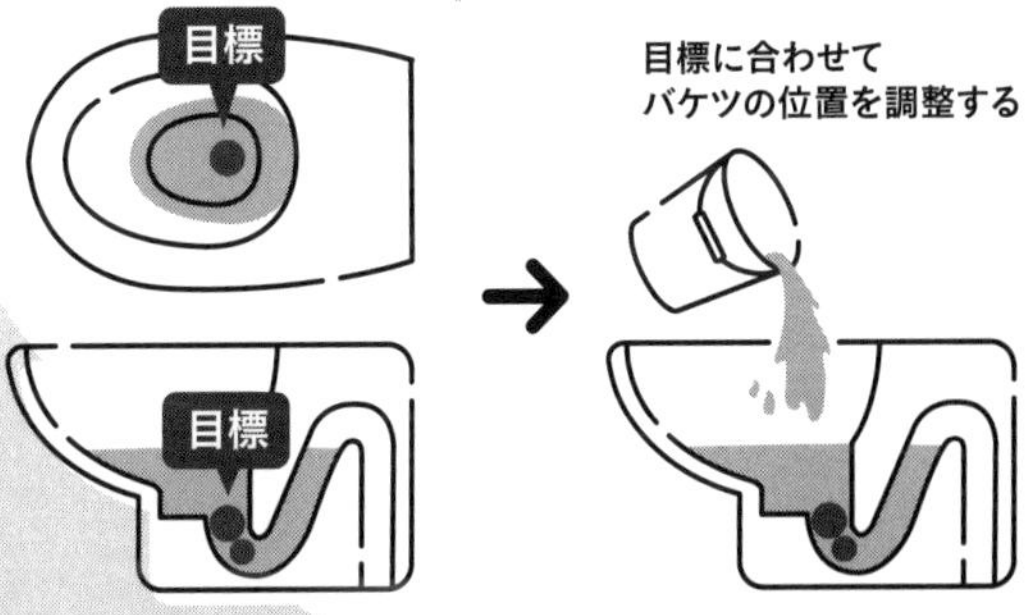
目標
目標に合わせて
バケツの位置を調整する
目標

参考：公益社団法人空気調和・衛生工学会 集合住宅の在宅避難のためのトイレ使用方法検討小委員会「集合住宅の『災害時のトイレ使用マニュアル』作成手引き」
http://www.shasej.org/iinkai/200603/20200603.pdf

# 30

# 洗浄タンクに水を入れるとトラブルの原因になる？

災害時であっても排水管や下水道等に異常がなければ、便器に水を流すことができます。

水洗便器は設計水量が決まっています。大小便やトイレットペーパーを適切に流すには、6リットル便器であれば6リットルを流すことが必要です。8リットル便器であれば8リットル必要です。便器から排出し、建物内の排水管を通って、下水道等まで運ぶことが必要になるからです。

しかし、災害時は十分な水量を確保できません。そのときの対応方法として風呂の残り湯や雨水等を活用する方法があります。この場合、バケツ等で直接便器に流すよ

30

## 洗浄タンクに水を入れるとトラブルの原因になる?

うにしましょう。便器に直接流す方法は【29】を参照ください。

洗浄タンクに水を入れることはおすすめできません。その理由は次の3つです。

①最近の洗浄タンクは小型化がすすんでいるため、タンク内の構造もコンパクトになっています。そのため、タンク上部からドッと水を入れてしまうと故障の原因になります。

②風呂の残り湯や雨水等には、雑菌が入っているので、そのような水を入れてしまうとカビ等の発生の原因になります。

③洗浄タンクを使用する場合、設計水量を注水する必要があります。設計水量より少ない水だと上手く便器洗浄できない、もしくはつまりの原因になります。断水時は水が貴重です。

**洗浄タンクの内部はどうなっている?**

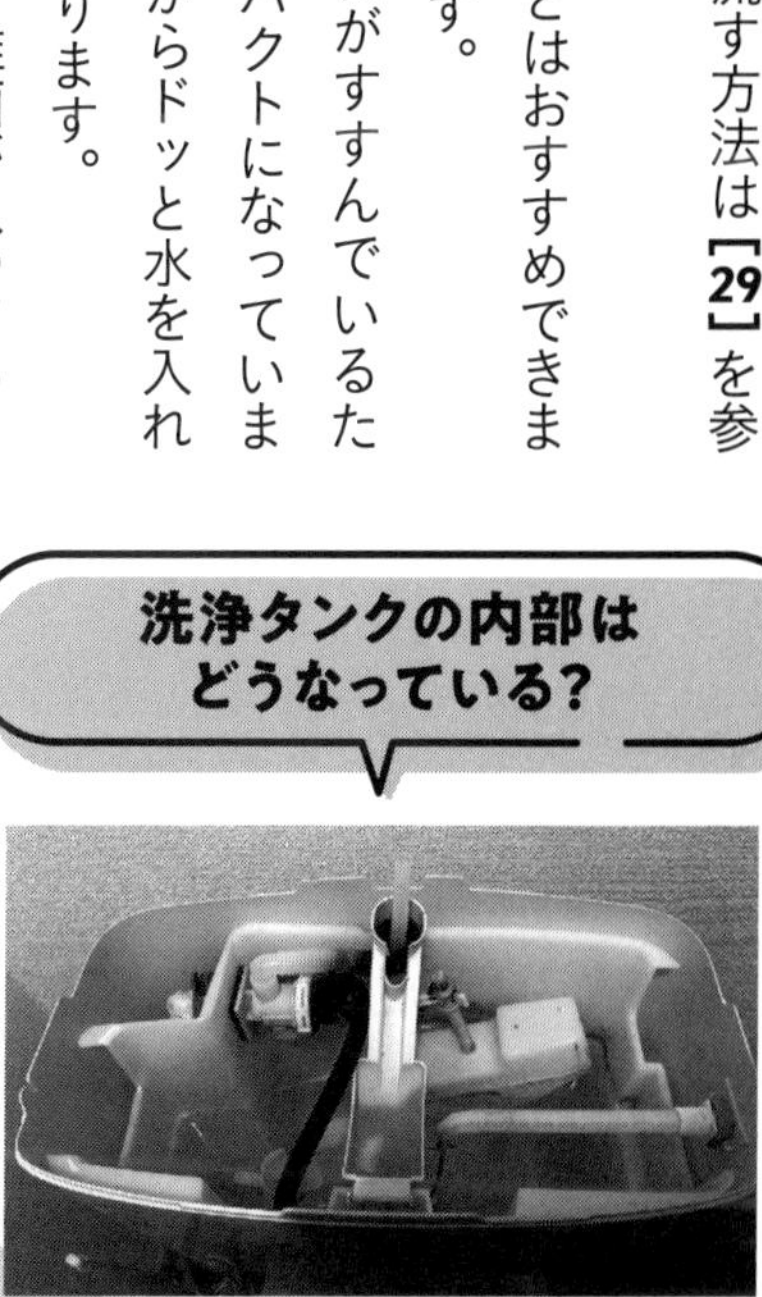

# 31

# 道路やマンホールの状態から下水道の状況を調べる

水

洗トイレから排出された汚水は下水道管を経由して下水処理場まで流れていき、そこで処理されて海や河川等に放流されます。大きな災害が起きて、下水道管や下水処理場が被災してしまうと汚水を流すことができなくなります。

では、公共下水道が壊れているかどうかは、どのようにして調べればよいのでしょうか？

災害が起きると、行政の下水道担当者は下水道に問題がないかどうかを調査します。その結果を踏まえて、もし下水道が使えない状態であれば、市民に何らかの方法で連絡をすることになります。ホームページや防災無線、チラシの配布等が考えられます（【52】参照）。そのため、私たちは、そのような情報が出されていないかどうかをチェックすることが必要です。ただし、地元の市町村も被災しているため、すぐに調査ができるとは限りません。

行政からの連絡を待つとともに、私たちができることもあります。それは、下水道管が埋設されている自宅前の道路の状態を目視でチェックすることです。大きく地盤沈下していたり、液状化でマンホールが地面から飛び出していたりする場合は、下水道管も損傷していると考えられます。その場合は、できるだけ汚水を流さないようにすることが求められます。

市民による下水道の外観調査情報を行政に届けることができるようになれば、行政による下水道の被災調査がスピーディーになることが期待できます。

**液状化で損傷したマンホール**

写真：NPO法人日本トイレ研究所

# 32

# 排水設備は建物から下水道までの間が破損しやすい

便器から排出される汚水は、さまざまな排水管を経由して流れていきます。まず住戸内の床下にある「排水横枝管」を通って、汚水をまとめて下階に下ろす「排水立て管」へと流れます。ここでほかの汚水と一緒になって、地下ピット等に設けられる「排水横主管」を通って建物外部に運ばれます。さらに敷地内に埋設された管を通って、ようやく下水道や浄化槽に排水されます。

排水管の接続部は、災害によって被害を受けやすい部分です。排水横枝管や排水立て管そのものは、躯体に固定されて建物と一緒に揺れることから、比較的ダメージは小さいと考えられます。一方で、排水立て管と排水横主管の接続部は、抜けや

# 32 排水設備は建物から下水道までの間が破損しやすい

破損が起きやすいと考えられています。また建物から外部に出る部分は、地盤沈下等により破損しやすく、敷地内の埋設管は液状化により、破断や逆こう配になる可能性もあります。

公共下水道の耐震化は行政が実施しますが、敷地内にある設備の災害対策は、各自で実施しなければならないことを理解しておきましょう。

## 震災時に被害を受けやすい排水設備の箇所は?

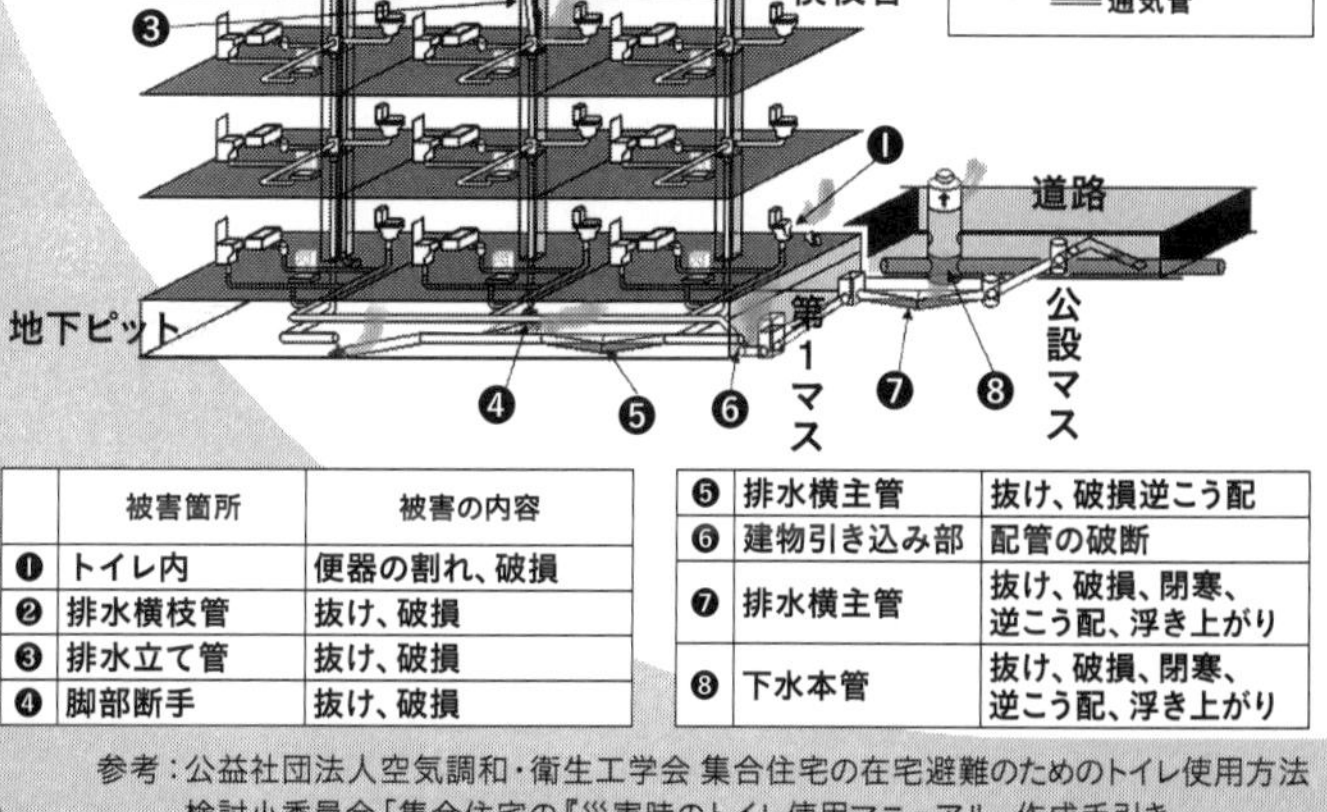


| | 被害箇所 | 被害の内容 |
|---|---|---|
| ❶ | トイレ内 | 便器の割れ、破損 |
| ❷ | 排水横枝管 | 抜け、破損 |
| ❸ | 排水立て管 | 抜け、破損 |
| ❹ | 脚部断手 | 抜け、破損 |
| ❺ | 排水横主管 | 抜け、破損逆こう配 |
| ❻ | 建物引き込み部 | 配管の破断 |
| ❼ | 排水横主管 | 抜け、破損、閉寒、逆こう配、浮き上がり |
| ❽ | 下水本管 | 抜け、破損、閉寒、逆こう配、浮き上がり |

参考：公益社団法人空気調和・衛生工学会 集合住宅の在宅避難のためのトイレ使用方法検討小委員会「集合住宅の『災害時のトイレ使用マニュアル』作成手引き」
http://www.shasej.org/iinkai/200603/20200603.pdf

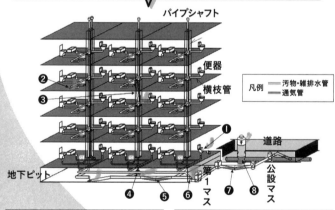

# 33

# トラブルを感知するには汚水マスのチェックが有効

汚水が流れる主な排水管の種類については【32】で解説しました。地面と建物では地震による挙動が異なるため、特に排水横主管が建物の外に出る部分や地下に埋設されている部分は、破断したり詰まったりする可能性が高くなります。液状化により砂等が管内に流入することもあります。こうしたトラブルはどのように点検すればよいのでしょうか。

こんな時は、排水横主管が建物の外に出て下水道等に接続するまでに数か所設けられている点検口である「汚水マス」が役立ちます。塩化ビニール素材の汚水マスのフタであれば、マイナスドライバー等で開けることができます。大きさは、片手が入るくらいのものから人が入れるほどのものまで様々です。
敷地内の汚水マスが隆起していないか、汚水マスや排水管がある場所が大きく地盤沈下していないか、汚水マスの内部に異常がないかどうかを確認しましょう。異常を判断するには、平常時の状態を把握しておくことが必要です。汚水マスの位置、外観、内部の構造、汚水が流れている状況などを写真で記録して関係者で共有しましょう。目視で外観や内部に異常がある場合は、水洗トイレを使用しないことをおすすめします。

**汚水マスの中はどうなっている？**

写真：NPO法人日本トイレ研究所

# 34

# 集合住宅のトラブル回避に必須な上下階の連携

住

戸から排水される汚水は、排水管を通って建物外に流れていくのですが、基本的にこの排水管は上下階でつながっています。戸建て住宅であれば、汚水を排水するのか、控えるのかを、家族で決めます。汚水を流すことで排水管が詰まったり漏水したりしても、自ら判断したのであれば、納得がいくと思います。

悩ましいのは集合住宅です。震災や水害による影響で排水設備に損傷があるにもかかわらず、上階から汚水を流してしまうと、汚水マスからあふれたり、地中に漏水したり、下階の住戸に逆流する可能性があります。

過去の震災でも、地中の排水設備が閉塞していることに気づかずに汚水を流したため、1階の便器に汚水が逆流したという事例もありました。逆流の兆候は、便器内の封水から空気がボコボコと出る、封水が跳ね出すなどです。

スイッチを入れて電気がつかなければ停電、蛇口をひねって水が出なければ断水というように、これらは容易に確認できますが、排水設備は何かが起きない限り損傷に気づかないという特性があります。専門的な検査をすればわかりますが、災害時に検査することは現実的ではありません。

災害時など、排水設備の損傷が想定される場合は、居住者による簡易点検の方法を作成するとともに、トラブルの兆候をいち早く察知して、臨機応変に対応することが求められます。そのためには、排水管がつながっている各戸での連携が必要になります。

# 35

# 建物の給水タイプによって災害時の対応は異なる

災害時、停電や給水装置、配水施設の損傷で断水が発生するケースは少なくありません。しかし、建物によって断水までの時間に幅が出ることもあります。発災直後から断水になることもあれば、2〜3日後になって断水することもあります。また同じ地域でも、建物によっては断水しない場合もあります。

これらは、建物の給水方式の違いによることが考えられます。給水方式は大まかに分類すると4方式です。「直結直圧方式」は、水道本管からの圧力で直接給水します。通常は3階までの建物に採用されます。この方式の場合、停電していても水が出ます。

一方、ほかの3つの方式では、いずれもポンプで圧力をかけて給水するため、停電と同時に断水します。ただし、屋上にある高置水槽に一旦貯めてから自然流下で各戸に給水する「高置水槽方式」では、停電によりポンプが停止したとしても、高置水槽に貯まっている水が出ます。

つまりこの方式を採用している建物では、高置水槽が破損しなければ、そのときに貯まっている水を自然流下で有効活用できます。給水方式によって災害時の対応方法が異なるので、自宅の給水方式を把握しておくことが大事です。

## 給水方式の種類は?

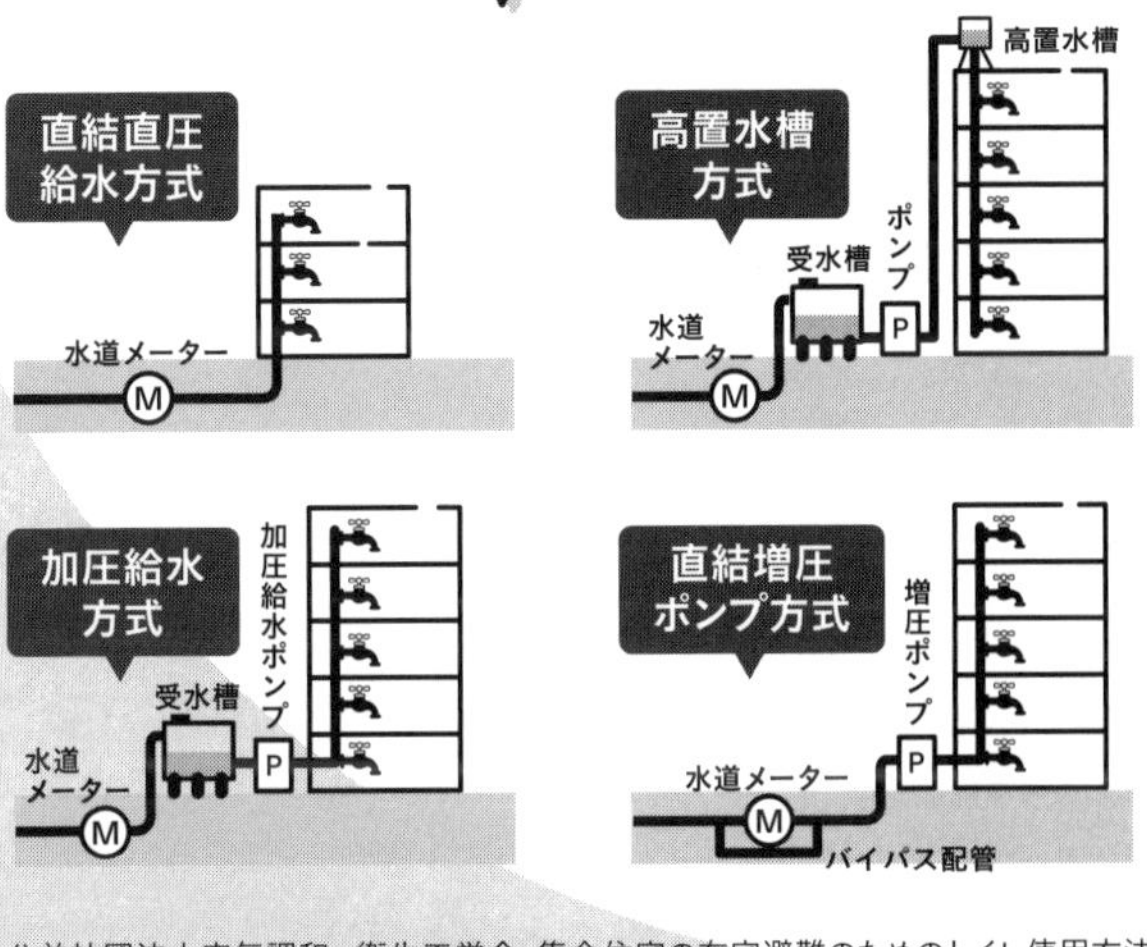


参考:公益社団法人空気調和・衛生工学会 集合住宅の在宅避難のためのトイレ使用方法検討小委員会「集合住宅の『災害時のトイレ使用マニュアル』作成手引き」
http://www.shasej.org/iinkai/200603/20200603.pdf

# 36 断水時は「高置水槽」の水を活用する

高置水槽方式は、建物の屋上に水槽を有する給水方式です（【35】参照）。災害時、高置水槽が損傷していなければ、地域が断水していたとしても、水槽内に貯まっている水を利用できます。

ですが、もしも高置水槽の存在を理解していなければ、通常どおり水洗トイレ等を使用してしまい、貴重な水を失うことになります。

東日本大震災のとき、高置水槽の水があることを認識していた病院勤務の看護師さんは、使用する水洗トイレの場所を限定しました。そして、3回使用したら1回流すというルールを設けて、水を大切に使用しました。その甲斐あって、上水が復旧するまで高置水槽の水でつなぐことができました。このように高置水槽の限られた水を活用することは重要です。

平成30年7月の西日本豪雨のときも、病院で同様の取り組みがありました。この病院は、水洗トイレの使用を禁止し、ビニール袋の中におむつを入れて携帯トイレのようにして使用しました。高置水槽の水を医療関連に優先的に使用するための工夫です。

いずれにしても、高置水槽の水を有効活用した事例です。病院に限らず、建物に高置水槽がある場合は、平時の貯留容量と点検方法を確認し、活用のためのルールを決めておくことが必要です。

**高置水槽とは？**

37

# 調べておきたい受水槽の非常用給水栓と緊急遮断弁の扱い方

4

つに分かれる建物の給水方式のうち、高置水槽方式と加圧給水方式には「受水槽（高置水槽を含む）」が備わっています。停電により断水した際でも、受水槽があればその中に一定の水が確保できていることになります。

自治体によって対応方法は異なりますが、災害時に受水槽内の水道水を有効活用できるように、受水槽に「非常用給水栓」を設置する場合の取扱基準を設けている場合があるので事前に確認しておきましょう。

非常用給水栓が設置してある場合、受水槽内にある水量を把握しておき、給水栓から取り出した水をどのような容器に入れ、どうやって運ぶのか、何に利用するのかを考えておくことが必要です。

また、受水槽には「緊急遮断弁」が設置されていることがあります。緊急遮断弁とは、受水槽の出口側に設置し、地震の揺れを感知して弁を閉めることで、受水槽内の水が流出しないようにするための装置です。作動すると、配水管に支障がなくても断水と同じ状態になりますから、緊急遮断弁の解除方法も確認しておきましょう。

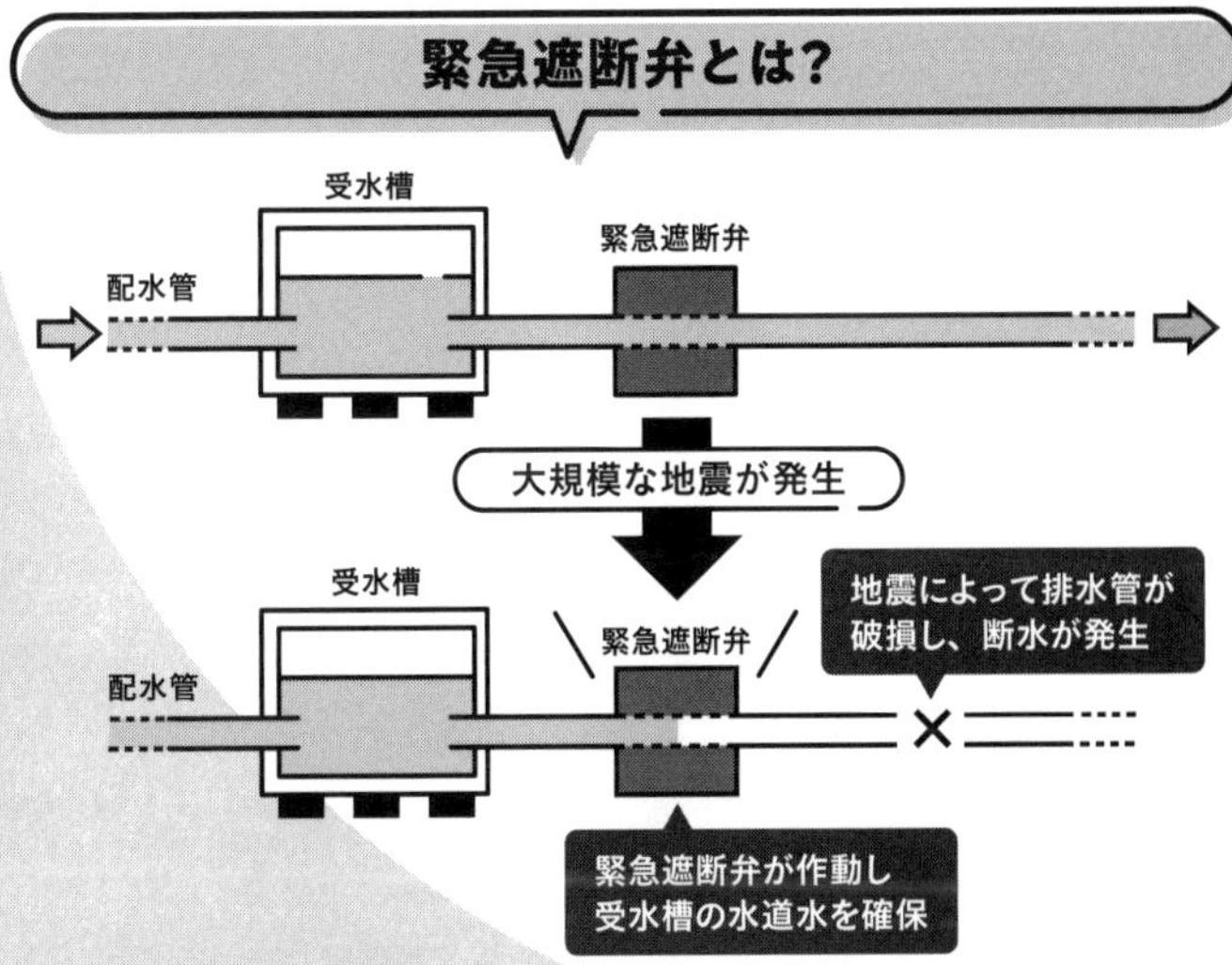
緊急遮断弁とは?
受水槽
緊急遮断弁
配水管
大規模な地震が発生
受水槽
緊急遮断弁
配水管
地震によって排水管が
破損し、断水が発生
緊急遮断弁が作動し
受水槽の水道水を確保

参考:大阪広域水道企業団「緊急遮断弁」
https://www.wsa-osaka.jp/soshiki/tadaoka/tadaokacho/1/2/2507.html

# 38

# 排水槽がある場合は貯留容量を確認する

トイレからの汚水は、基本的に排水管内を高いところから低いところへと自然流下によって流れていき、下水道や浄化槽に排水されます。下水道管にも同様にこう配がついていて、最後は下水処理場にたどり着きます。

そのため、地下階など下水道より低い位置にトイレがある場合などは、自然流下で排水することができません。この場合、汚水を一旦溜めて、ポンプを使って下水道に排水することになります。汚水を一時的に溜める槽のことを「汚水槽」、台所や風呂等の排水のみを溜める槽を「雑排水槽」、両方を併せて溜める槽を「合併槽」、排水時間の調整を行うための槽を「排水調整槽」といいます。

38

排水槽がある場合は貯留容量を確認する

いずれにしても、ポンプを使って排水するためには電力が必要です。したがって、停電時はポンプを動かせないので、排水できません。これに気づかずにトイレなどを使用し続けてしまうと、排水槽が満水になり、トラブルが発生する恐れもあります。停電時に備えて、対象となる施設に排水槽があるかどうか、ある場合はどのくらいの容量を貯留できるのかを確認しておくことが必要です。

## 汚水槽・雑排水槽とは？

**排水槽**

- 排水方法による分類
  - 排水の種類による分類
    - 汚　水　槽…汚水（水洗便所等のし尿を含む排水）を貯留
    - 雑排水槽…雑排水（し尿を含まない、厨房などの排水）を貯留
    - 合　併　槽…汚水と雑排水を併せて貯留
    - 湧　水　槽…地下の湧水を貯留
    - 雨　水　槽…雨水を貯留
  - 排水調整槽…下水道への負荷を平準化するため、排水時間の調整を行うための槽

参考：東京都ビルピット問題連絡協議会「ビルの新築に伴う地下排水槽（ビルピット）設計の手引」p.4
https://www.gesui.metro.tokyo.lg.jp/contractor/pdf/41ccb1e759ec246374824ae10331a7e92a70595a.pdf

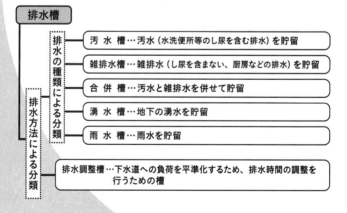

# 39

# 浄化槽の自己点検4つのポイント

浄化槽は、家庭からの汚水や雑排水を処理する設備で、敷地内に埋設されています。汚水や雑排水はここで処理され、公共用水域等に放流されます。公共下水道は行政が管理するのに対して、浄化槽は所有者が管理する設備です。平常時は専門の保守点検業者に依頼して管理することが一般的ですが、災害時は業者がすぐに対応できない可能性もあります。

そこで環境省は、震度6弱以上・床下浸水以上の災害が起きた場合に備え、住民が暫定的に浄化槽の使用可否を判断できるように「災害時の浄化槽住民用チェックシート」を公開しています。火災の発生防止と最低限の公衆衛生の確保の観点から作成されたこのシートでの主なチェックポイントは4つです。

1つ目は、漏電ブレーカが作動しているかどうかを確認します。作動中に使用すると、感電や火災発生の恐れがあります。2つ目は、ブロワが水没していないか、作動音が異常でないか、ケーブルや配管が外れていないかなどを確認します。3つ目は、浄化槽に流入する管が外れていないか、浄化槽周囲に漏水がないかなどを確認します。4つ目は、消毒剤が入った薬剤筒が転倒していないかなどを確認します。なお、浄化槽自体が傾いていたり、隆起・沈下したりしている場合は近づいてはいけません。これらは暫定的な確認事項にすぎないため、状況が落ち着き次第、保守点検業者による詳細な確認も必要です。

**発災時にすべき浄化槽の点検ポイントは?**

1. 漏電
2. ブロワ
3. 流入管・浄化槽本体からの汚水漏れ
4. 消毒

参考:環境省「災害時の浄化槽被害等対策マニュアル(第3版)令和3年4月」住民用チェックシート
https://www.env.go.jp/recycle/jokaso/manual/disaster/pdf/m_r03_8_7_7c.pdf

# 40

# 公共汚水マスは下水道の公共管理と個人管理の接点

便器から排出された汚水は、台所や風呂、洗濯の排水と合流して建物外へと流れていきます。集合住宅であれば、各戸の排水は上から下へと伸びている排水立て管と呼ばれる管内を流れて、下階へと運ばれて行きます。この排水立て管は、主に建物の地下部分で排水横主管に合流します。排水横主管は建物から外に出て、地中を通って下水道に接続します（【32】参照）。

災害時において、水洗トイレを使えるようにするためには、排水管が問題なく使えることと下水道が機能していることの両方が必要です。

公共と個人の境界部分に設置されているのが「公共汚水マス」です。公共の道路と

40

公共汚水マスは下水道の公共管理と個人管理の接点

宅地の境目あたりに設けられている点検口のようなものです。公共汚水マスから道路側にある下水道の復旧は行政が担いますが、宅地側にある排水設備は各自の責任において対応しなければなりません。

## 公共汚水マスとは?

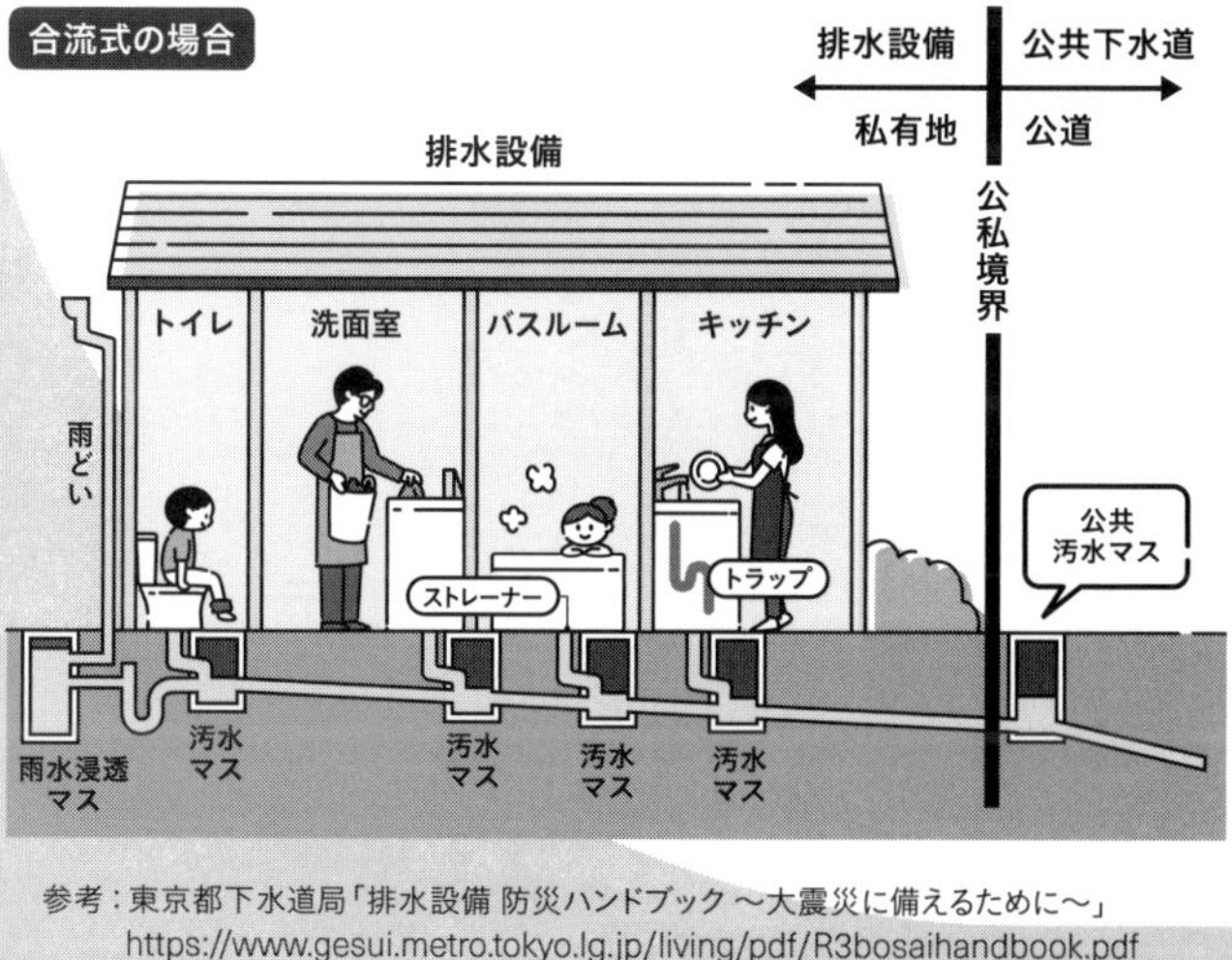


参考：東京都下水道局「排水設備 防災ハンドブック 〜大震災に備えるために〜」
https://www.gesui.metro.tokyo.lg.jp/living/pdf/R3bosaihandbook.pdf

# 41

## マンションの水洗トイレ対応ステップ❶緊急点検

「集合住宅の『災害時のトイレ使用マニュアル』作成手引き」をもとに、建物の安全性が確保されたマンションにおける水洗トイレの対応方法を説明します。具体的な対応方法は４つのステップに分かれています。

１つ目は、緊急点検ステップです。

大きな地震の直後は、設備の損傷状況がわかりません。無理に使ってしまうと、詰まりや漏水などのトラブルにつながりますので、まずは便器に携帯トイレを取りつけます。設備の緊急点検をしている間にトイレを使われてしまったら大変だからです。

41

マンションの水洗トイレ対応　ステップ❶ 緊急点検

携帯トイレを取りつけたら、目視での点検をスタートします。

まずは給水状況を確認します。自宅の蛇口から水が出るか、宅地内の直結水栓から水が出るか、受水槽や高置水槽の外観に損傷がないかどうかを調べます。

次に排水状況です。便器の割れや配管の外れがないか、特に排水設備が埋設されているあたりに地盤沈下や隆起、液状化が起きていないかなどを確認します。汚水マスの外観に異常がないか、フタを開けてみて内部に土砂が流入していたり、汚水が流れず滞留していたりするなど、異常がないかなどを調べてください。事前に平常時の状態を把握しておき、それとの違いを確認するのがよいです。

チェックポイントや方法は、事前に専門家や業者の協力を得て決めておくことが必要です。

この時点で、問題が発覚すれば排水できませんので、携帯トイレなどの災害用トイレで対応することになります。問題がなさそうであれば次の機能点検ステップに進みます。

# 42

## マンションの水洗トイレ対応ステップ❷機能点検

2つ目は、機能点検ステップです。緊急点検で目視による損傷がなければ、水洗トイレから排水を再開します。排水設備の損傷は、基本的に汚水を流したことで発生する異常によって分かります。

そこで機能点検ステップでは、水洗トイレからの排水を再開しつつ、異常の兆候を早い段階で発見することで、トラブルを最小限に抑えることを目指します。

断水していなければ通常どおり水洗トイレを使用します。断水している場合は、水を節約したいのでバケツの水で便器内の大小便を流します。バケツ洗浄の際は、トイレットペーパーを一緒に流さず、別途処分することが必要です。バケツ洗浄は、通常の洗浄よりも少ない水量で流すことができるというメリットがある一方で、汚物を便器から排出および排水管内を搬送する能力が低下するため、詰まりの原因になるからです。

排水再開後、便器内封水の跳ね出しや空気の逆流、便器内水位の上昇、臭気の発生、壁や天井への滲み、漏水、汚水マス内の水位の上昇や溢水等が発生したら、発生箇所の上流系統の住戸はすぐに排水を停止する必要があります。封水の跳ね出しや空気の逆流等の早期発見は、排水管がつながっている上下階の連携が必要となるため、お互いの協力が欠かせません。

第一マスの中にくしゃくしゃに丸めたトイレットペーパーを落としておき、しばらくしてそれが無くなっていることが確認できれば、汚水が通常どおり流れていることが推測できますので、ひとつの目安にしてください。

# 43

# マンションの水洗トイレ対応ステップ❸暫定使用

機能点検ステップで問題がなければ、暫定使用ステップに進みます。排水再開時は問題がないにもかかわらず、しばらく使用し続けた後に異常が発生することがあります。

そのため、暫定使用ステップの基本的考え方は機能点検ステップを繰り返すことです。つまり、便器内の封水の跳ね出し等を継続的に観察します。だからといって、便器の前にずっといるわけにはいきませんので、便器のフタを閉めておき、フタを開けたときにフタの裏側が汚水で濡れているかどうかを確認します。汚れていたり、濡れていたりする場合は、跳ね出しの可能性があるということです。

なお、封水の跳ね出しに対する応急対応としては、便器内に水のうを設置することです。

水のうは、45リットル程度のポリ袋を数枚重ねて、その中に半分ぐらい水を入れ、口をしっかりしばって作成します。実際にやってみるとわかるのですが、20リットル程度というのはかなりの重さになります。運搬時に落としたり破れたりしないように注意してください。

暫定使用ステップにおいて異常が発生しなければ、そのまま停電や断水の復旧を待ち、最後の復旧確認ステップとなります。

# 44

## マンションの水洗トイレ対応ステップ❹復旧確認

発災直後の緊急点検ステップにはじまり、機能点検ステップ、暫定使用ステップと続き、最後は復旧確認ステップになります。

繰り返しになりますが、排水設備の異常は流してみないとわからないという課題があります。だからと言って、損傷があるにもかかわらず強引に流し続けると、大きなトラブルにつながります。わかりやすい例としては、下階への漏水や逆流、敷地内での溢水等です。

そのようなトラブルを引き起こさないためにも、起こりうるリスクを想定し、居住者と共有・連携しながら、段階的にトイレ対応を行うことが必要です。

通電および上水復旧時における復旧確認ステップでは、設備の損傷の有無を確認するための点検が必要になる場合があります。それぞれの設備業者や管理会社等の指示に従って対応してください。

長期間断水したときは配管内に異物が混じったり雑菌が繁殖したりするので、飲用は避けて、専門業者による清掃・消毒・水質検査を行うことが必要です。

また、給水再開時に各住戸で水を出す場合、温水洗浄便座等を最初に使用してしまうと空気や砂粒等の異物の混入で故障する可能性がありますので、単水栓などから開栓して、最後にトイレの洗浄を行ってください。ちなみに単水栓というのは、水または湯のいずれかをひとつの蛇口から出すシンプルな構造の水栓のことをいいます。

# Part 4

パニックを防ぐために！

# 災害前に知っておきたい避難所のトイレ環境

# 45

# 在宅避難者の43・8%が避難所や公園のトイレ等を利用する

自治体は、避難所における新型コロナウイルスの蔓延を防ぐため、収容人数を考慮して、避難所の開設数を増やす必要に迫られています。宿泊施設等の活用も検討しているほか、収容し切れない場合は、親戚や友人宅などへの避難、在宅での避難生活の継続を呼びかけることも考えられます。このような分散避難が行われた場合、避難所以外の被災者を念頭に置いたトイレ対策を考える必要があります。

日本トイレ研究所が実施した調査では、避難生活を自宅で送る場合、避難所や公園・公衆トイレを利用すると回答した人が43・8%という結果になりました。一方で、備蓄している災害用トイレを使うと回答したのは、わずか15・6%でした。災害時は、

45

在宅避難者の43・8％が避難所や公園のトイレ等を利用する

外部から水を確保することは容易でなく、コンビニエンスストア等のトイレも使用できないことが想定されます。

避難所においては、屋外トイレの整備が不十分だと避難所の建物内のトイレを共有することになるため、運営の混乱が危惧されます。分散避難を推奨しつつ、避難所における屋外トイレの整備や公園・公衆トイレの災害対策の徹底が必要です。

**災害時に自宅の水洗トイレが使えなくなった時にどうするか**

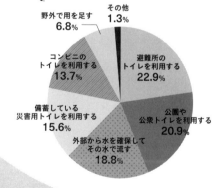

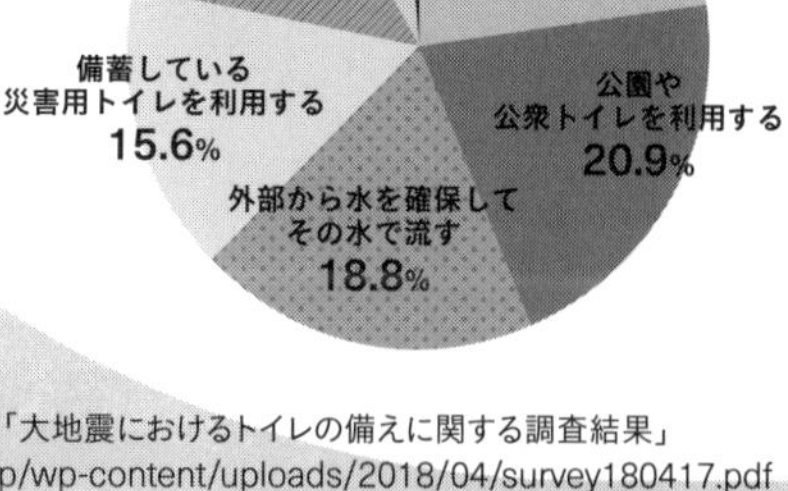


出典：NPO法人日本トイレ研究所「大地震におけるトイレの備えに関する調査結果」
https://www.toilet.or.jp/wp/wp-content/uploads/2018/04/survey180417.pdf

# 46

## トイレの個室は50人に1つ必要

市町村の避難所におけるトイレの必要数は、内閣府（防災担当）作成「避難所におけるトイレの確保・管理ガイドライン」において、過去の災害における仮設トイレの設置状況や国連等における基準を踏まえ、以下のように目安が記載されています。

- **災害発生当初は、避難者約50人当たり1基**
- **その後、避難が長期化する場合には、約20人当たり1基**

ただし、これに基づいて確保するトイレ数は、仮設トイレのみではなく、建物内のトイレの個室やマンホールトイレ等も含めることが想定されています。例えば、建物内に既設トイレがある場合、断水や設備損傷があっても、そこに携帯トイレを取りつけて使用することを考えます。なお、バリアフリートイレに関しては、50人もしくは20人に1基と考えるのではなく、避難者の人数やニーズに合わせて確保するように考えます。

これらの数値は目安であり、高齢者や子ども、性別等も含め、避難者の状況に臨機応変に対応することが重要です。新潟県中越地震の際には、県職員が中心となってトイレの配備状況だけではなく、避難者が実際にトイレを利用できているかどうかを確認し、必要に応じて改善する取り組みがなされました。

## 過去の災害で仮設トイレはどれくらい設置された？

| 災害名 | 仮設トイレの数 | 状況等 |
|---|---|---|
| 北海道南西沖地震 | 約20人に1基 | 混乱なし |
| 阪神・淡路大震災 | 約75人に1基 | 左記の数量で配備された段階で苦情がほとんどなくなる |
| 雲仙普賢岳噴火災害 | 約120人～140人に1基 | 不足気味 |

出典：日本消防設備安全センター「震災時のトイレ対策」

# 47

# 避難所にある災害用トイレの使い勝手を把握しておく

避難所に備えてある水や食料がどのようなものであるかは、大方予想がつくと思います。水はペットボトル、食料は乾パン類、アルファ化米、缶詰などが考えられます。食べることにかかわる話題は、日常的に話題にする機会が多いので、災害時の情報もテレビなどで比較的共有されています。

一方で、トイレはどうでしょうか？　排泄に関しては、ほとんど話題にすることがないので、意識することがありません。避難所のトイレを気にする機会もありませんから、災害用トイレがどのようなものなのかも知らない人がほとんどです。見たことも聞いたこともない災害用トイレなので、間違った方法で使ってしまったり、失敗したりすることも考えられます。
そうならないように、避難所にどのような災害用トイレが備わっているのかを把握しておくことが必要です。できれば一度、実際に使ってみることをおすすめします。もし、使いづらかったり、維持管理しにくかったりするのであれば改善する必要があります。

災害用トイレの詳細は、災害用トイレガイドを参照ください
https://www.toilet.or.jp/toilet-guide/product/list.html#group_img_02

## 主な災害用トイレの種類は？

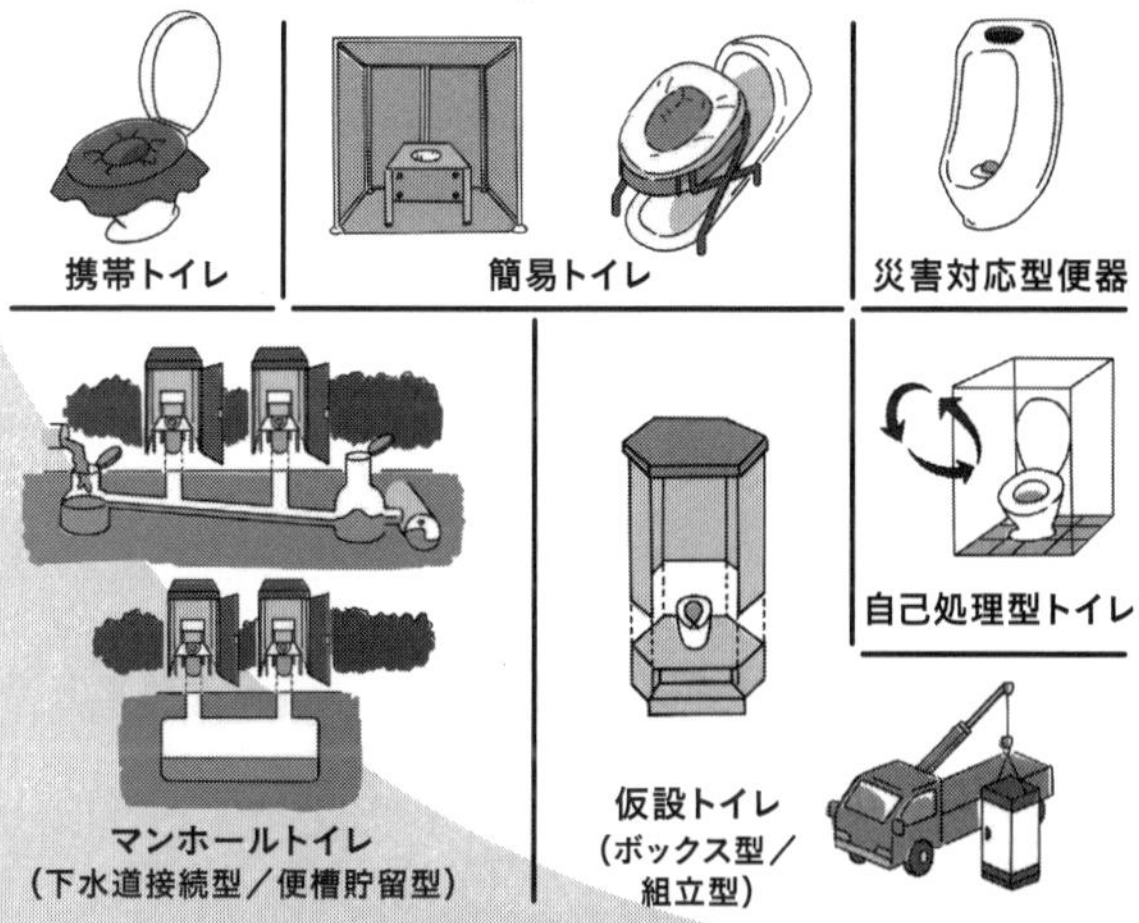


イラスト：NPO法人日本トイレ研究所（災害用トイレ普及・推進チーム）

# 48

# 災害用トイレは仕様・性能で選ぶ

自治体における災害用トイレの備蓄量は、不足しているので増やす必要があるのですが、どんなものでもよいというわけではありません。

これまでの経験から要配慮者のトイレ環境は質の改善が求められています。自治体を対象にしたアンケート調査で「備蓄用の災害用トイレを購入する際、どのような点を重視しますか？」と尋ねたところ最も多かったのは「製品の性能（92・7％）」でした。しかし、災害用トイレに関する基準がないため、行政や企業等の担当者はどのような視点で製品を選んだらよいか悩んでしまうと思います。

そこで、日本トイレ研究所は災害用トイレを開発する企業と連携して、災害用トイレ（携帯トイレ、簡易トイレ、マンホールトイレ、仮設トイレ（組立型））のそれぞれについて推奨仕様・性能項目を作成しました。たとえば携帯トイレに関しては、5つの項目（吸収量、凝固継続期間、消臭・防臭機能の有無、菌への対策の有無、袋に関する規格）でチェックすることを推奨しています。

　トイレ問題や命と尊厳に関わるからこそ、仕様・性能で選ぶことが大切です。

**仕様・性能の詳細は、災害用トイレガイドを参照ください**
https://toilet-guide.blogspot.com/2022/12/blog-post.html

## 備蓄用の災害用トイレで何を重視する？

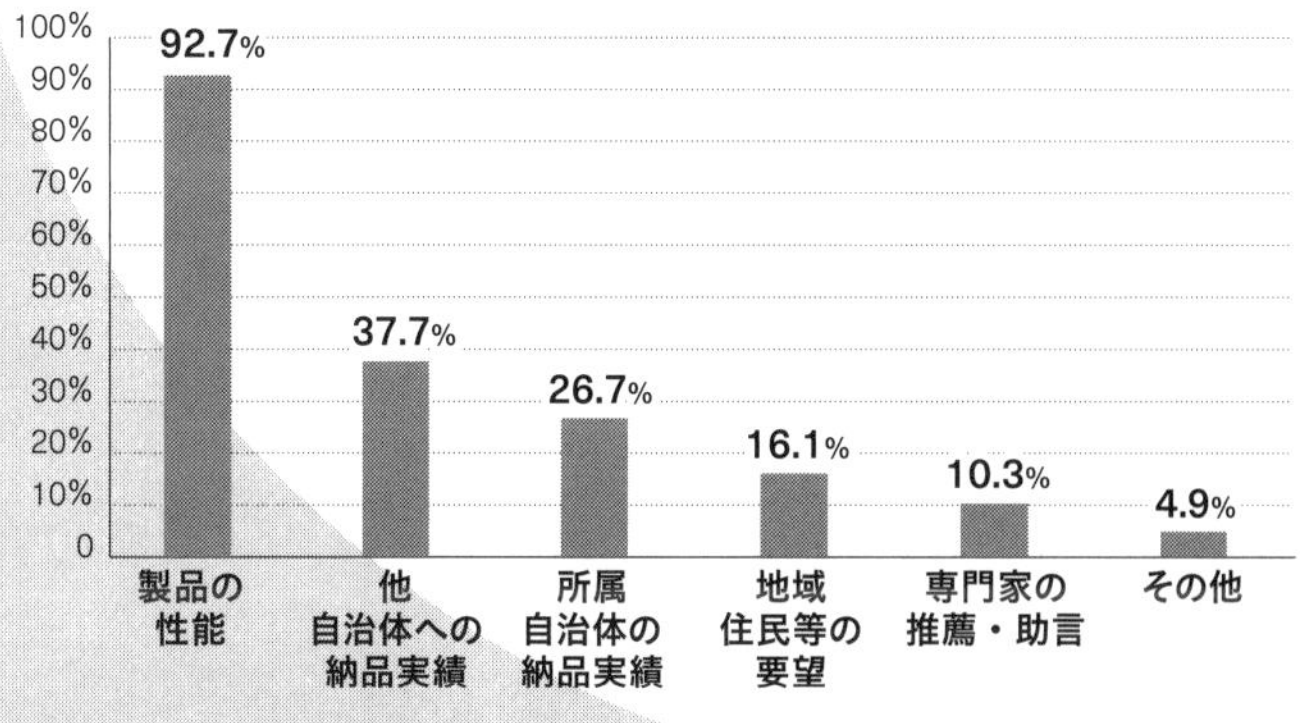


出典：NPO法人日本トイレ研究所（災害用トイレ普及・推進チーム）「災害時のトイレの備えに関するアンケート調査」

# 49

# 災害時のトイレ対策は20以上の行政部署にまたがる

災害時のトイレ対策を講じる上での課題のひとつとして、関連する部署が多岐にわたるということが挙げられます。

国としては、防災全体は内閣府、下水道は国土交通省、集落排水は農林水産省、衛生面は厚生労働省、浄化槽・し尿は環境省、指定避難所となる学校施設は文部科学省、地方自治体が保有している災害用トイレを調達するのは総務省、民間の災害用トイレを調達するのは経済産業省がそれぞれ担います。

内閣府（防災担当）が作成した「避難所におけるトイレの確保・管理ガイドライン」の付属資料に、「避難所運営業務のための連携協働体制（例）」という資料が示されています。これは市町村災害対策本部と各避難所の運営本部における役割分担を一覧表にしたものです（次ページ参照）。

防災担当、福祉総括担当、男女共同参画担当など全部で30部署ありますが、運営業務項目のうち「トイレの確保・管理」の欄をみると、21部署が積極的に関わることになっています。関連する部署数では、「避難所運営体制の確立」に次いで2番目に多い位置付けです。トイレはすべての人に関わることなので、関連部署も多くなってしまうのです。災害時は多部署と連携しながらトイレを確保・管理していくことが求められます。

役割分担凡例：★主担当　◎担当　○支援　◆協働先

| | | | | | | | | | | | | 各避難所の運営本部 | | | | | | | | | |
|---|---|---|---|---|---|---|---|---|---|---|---|---|---|---|---|---|---|---|---|---|---|
| | 医療担当 | 上水道担当 | 浄化槽・し尿処理担当 | 下水道担当 | 衛生（ゴミ処理）担当 | ペット対策担当 | 商工担当（物資担当） | 防犯担当 | ボランティア担当 | 営繕・建築担当 | 教育委員会（施設の事務局） | 施設管理者 | 避難所派遣職員 | 他自治体からの応援職員 | 都道府県 | 警察 | 避難者（在避難所） | 地域住民（支援者） | 医療・福祉事業者等 | NPO・ボランティア | 社会福祉協議会（災害ボランティア本部） |
| | ◎ | | ◎ | ○ | ◎ | | ○ | ○ | ◎ | | ○ | ★ | ◎ | | ○ | ○ | | ◆ | ◆ | ◆ | ◆ |
| | ○ | | | | | | ○ | | ○ | | ○ | ○ | ○ | | ○ | | | | ◆ | ◆ | ◆ |
| | ○ | | | | | | ○ | | ○ | ○ | ◎ | ○ | ★ | | | | | ◆ | | ◆ | ◆ |
| | | | | | ○ | | | | ★ | | | ○ | ★ | ○ | ○ | | ★ | ◆ | | ★ | ★ |
| | | | | | | | | | | | | | | | ○ | ○ | | | | | |
| | ○ | | | | | | ○ | | ○ | | ◎ | ★ | ★ | ○ | | | ★ | ★ | | ◆ | ◆ |
| | | | | | | | | | | | ○ | ○ | ★ | ○ | ○ | | ◆ | ◆ | | ◆ | ◆ |
| | | ○ | | | | | ★ | | | | | ○ | ◎ | ○ | ○ | | ★ | ◆ | | ◆ | ◆ |
| | | ○ | ★ | ★ | ◎ | | ○ | ○ | | ○ | ○ | ◎ | ◎ | | | | ★ | ◆ | | ◆ | |
| | ○ | ○ | ◎ | ◎ | ○ | ○ | ○ | | | | | ◎ | ○ | ○ | ○ | | ★ | ◆ | ◆ | ◆ | ◆ |
| | ★ | | | | | ○ | | | | | | ○ | | ○ | ○ | | ◆ | | ◆ | ◆ | ◆ |
| | ○ | | | | | | ○ | | | | | | | | | | | | | ★ | |
| | ○ | | | | | | ★ | | | | | | | | | | | | | | |
| | ○ | | | | | | ★ | | | | | | | | ○ | | | | | ◆ | |
| | ○ | | | | | | ○ | ○ | ○ | ○ | ○ | ○ | | | ○ | | ★ | ◆ | ◆ | ◆ | ◆ |
| | ○ | | | | | | | | ○ | | | ○ | | | ○ | | ★ | ◆ | ◆ | ◆ | ◆ |
| | ○ | | | | ○ | ○ | ○ | ★ | ★ | ○ | ○ | ○ | ★ | | ○ | ○ | ★ | ◆ | | ◆ | ◆ |
| | | | | | | ★ | | | ○ | | | ○ | ○ | | | | ★ | | | ◆ | ◆ |
| | | | | | | ○ | ◎ | | ○ | ◎ | ○ | ★ | ◎ | ○ | ○ | | ★ | ◆ | | | ◆ |

# 避難所運営の役割分担はどうなっている？

| 大項目 | 中項目 | 項目＼担当 | | 市町村災害対策本部・避難所支援班 | | | | | | | | |
|---|---|---|---|---|---|---|---|---|---|---|---|---|
| | | | | 防災担当 | 福祉総括担当 | 災害救助法所管担当 | 障害者担当 | 高齢者担当 | 母子・乳児担当 | 外国人担当 | 男女共同参画担当 | 保健担当 |
| 運営体制の確立 | 平時から実施すべき業務 | 1 | 避難所運営体制の確立 | ★ | ★ | ○ | ○ | ○ | ○ | ○ | ○ | ◎ |
| | | 2 | 避難所の指定 | ★ | ◎ | | | | | ○ | ○ | ○ |
| | | 3 | 初動の具体的な事前想定 | ★ | ○ | | | | | ○ | ○ | ○ |
| | | 4 | 受援体制の確立 | ★ | ◎ | | | | ○ | ○ | | ○ |
| | | 5 | 帰宅困難者・在宅避難者対策 | ★ | ○ | | | | ○ | ○ | | |
| 避難所の運営 | 基幹業務 | 6 | 避難所の運営サイクルの確立 | ◎ | ★ | ○ | ○ | ○ | ○ | ○ | ○ | ○ |
| | | 7 | 情報の取得・管理・共有 | ★ | ○ | ○ | ○ | ○ | ○ | ○ | | |
| | | 8 | 食料・物資管理 | ○ | ○ | | | ○ | ○ | | ○ | |
| | | 9 | トイレの確保・管理 | ◎ | | ○ | ○ | ○ | ○ | ○ | ○ | ◎ |
| | 健康管理 | 10 | 衛生的な環境の維持 | ◎ | | ○ | | | | | | ★ |
| | | 11 | 避難者の健康管理 | ○ | | ○ | | | ○ | ○ | ○ | ★ |
| | | 12 | 寝床の改善 | | | ○ | | ○ | | | | ○ |
| | よりよい環境 | 13 | 衣類 | | | ○ | | | | | | ○ |
| | | 14 | 入浴 | | ○ | ○ | | | | | | ○ |
| ニーズへの対応 | 要配慮 | 15 | 配慮が必要な方への対応 | ○ | ★ | ○ | ★ | ★ | ★ | ○ | ○ | ○ |
| | | 16 | 女性・子供への配慮 | | ★ | | ○ | | ★ | | | ○ |
| | 安心安全 | 17 | 防犯対策 | ◎ | ○ | ○ | ○ | ○ | ○ | ○ | ○ | ○ |
| | | 18 | ペットへの対応 | | | | | | | | | |
| 避難所の解消 | | 19 | 避難所の解消に向けて | ★ | ★ | | ○ | | ○ | ○ | | ○ |

出典：内閣府（防災担当）「避難所運営業務のための連携協働体制（例）」
https://www.bousai.go.jp/taisaku/hinanjo/

# 50

## トイレの確保・管理計画がなければ対応できない

水洗トイレはとても便利なシステムです。私たちの排泄物をレバーやボタン操作だけでその場から運び去ります。キッチンの生ごみは、自分で水を切って袋に詰めて、ごみ集積場まで運ぶ必要がありますが、トイレに関しては指一本で操作完了です。あまりにも便利なので、日常で水洗トイレのありがたさを感じることも忘れるくらいです。

そのため、災害時に水洗トイレが使えなくなると、対応方法が分からず混乱します。しかも、発災後すぐにトイレ対応が必要になりますので、考える猶予もありません。

避難所などでのトイレ対応をスムーズに実施するには、事前に「トイレの確保・管理計画」を作成することが必要です。

災害用トイレには、様々な種類があります。時間経過や設置場所を考慮しながら複数タイプの災害用トイレを組み合わせて活用することが求められます。多くの人は、災害用トイレを見たことすらないと思いますので、防災訓練等で使い方や維持管理の方法を学ぶことも必要です。内閣府（防災担当）が作成した「避難所におけるトイレの確保・管理ガイドライン」には、計画作成に必要な要素がまとめられています。

トイレの計画づくりは避難所だけでなく、事業所、病院、介護施設、商業施設、宿泊施設、集合住宅などにおいても必要です。日本トイレ研究所では、計画づくりについて学ぶ「災害時トイレ衛生管理講習会」を開催しているので、参考にしてください。

# 51

## トイレ対策には司令塔が必要

安心できるトイレ環境を確保するには、被災者のトイレの困りごとを丁寧に把握することが必要です。また、単にトイレを配備するだけではなく、その後本当に使われているのかどうかを確認することも求められます。さらに、時間の経過とともに変わるニーズに対応して改善を繰り返すことも大切です。これらを遂行するには、「トイレの司令塔」の存在が不可欠です。

しかし、災害時のトイレ対策に関わる行政部署が多岐にわたっていることで、「司令塔（責任者）の不在」という大きな問題がなかなか解決されずにいます。大きな災害を経験してきた日本で、依然としてトイレ環境が改善されない原因は、ここにあ

51

## トイレ対策には司令塔が必要

ると言ってもよいでしょう。

内閣府（防災担当）作成の「避難所におけるトイレの確保・管理ガイドライン」では、市町村内において平時から関係部局が協力してトイレ対策を検討すること、発災時は被災者に清潔なトイレ環境を提供することを目的として、部局横断的な情報の共有・対応が取れる体制を確立すべきであることが示されています。例えば徳島県では「徳島県災害時快適トイレ計画」を作成し、県及び市町村において、災害時のトイレ問題に組織的に対応するため、関係部局の役割分担を明確にするとともに、総合調整を行う担当部局を定めることになっています。

### 災害時のトイレ対策はどう組織すればよい？

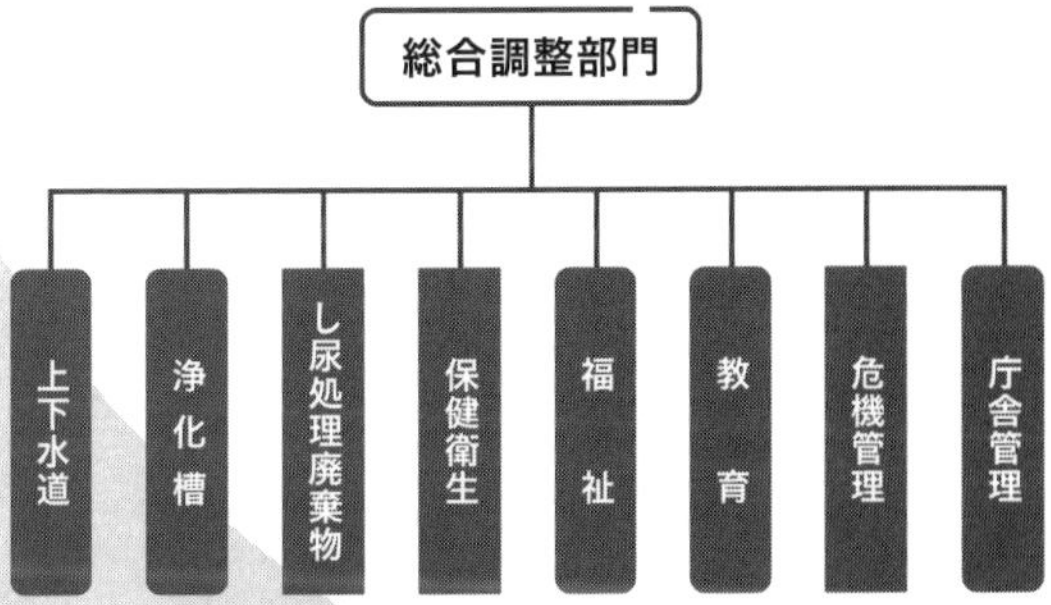


出典：徳島県・徳島県災害時相互応援連絡協議会「徳島県災害時快適トイレ計画　平成29年3月」 https://anshin.pref.tokushima.jp/docs/2017032500017/

# 52

# 下水道が被災したら使用自粛を呼びかける

大きな地震によって下水処理施設が被災したり、液状化でマンホールが隆起したり、さらには土砂災害により下水道管が閉塞することなどがあります。このような被害が起きているにもかかわらず、汚水を排水し続けるとマンホールなどからあふれてしまうことが危惧されます。

下水道施設の処理機能が喪失した場合、地方自治体は住民等に節水や水洗トイレの使用を控えてもらうなど、下水道の使用自粛をお願いすることがあります。下水道の使用自粛に関しては、「下水道ＢＣＰ策定マニュアル２０２２年版（自然災害編）」の「住民等への情報提供及び協力要請」の項目について記載されています。

## 52 下水道が被災したら使用自粛を呼びかける

私たちは、地方自治体からこのような要請があるのかどうかを気にかけておくことが必要です。使用自粛に関する要請がある場合、節水や水洗トイレ使用の抑制等が求められます。

平時から携帯トイレを備蓄しておくことで、水洗トイレが使用できなくても焦らずに対応することができます。この他にも、避難所等に貯留機能を有するマンホールトイレや仮設トイレが準備されれば、それらを活用することも考えられます。

### 自粛はどのように呼びかける？

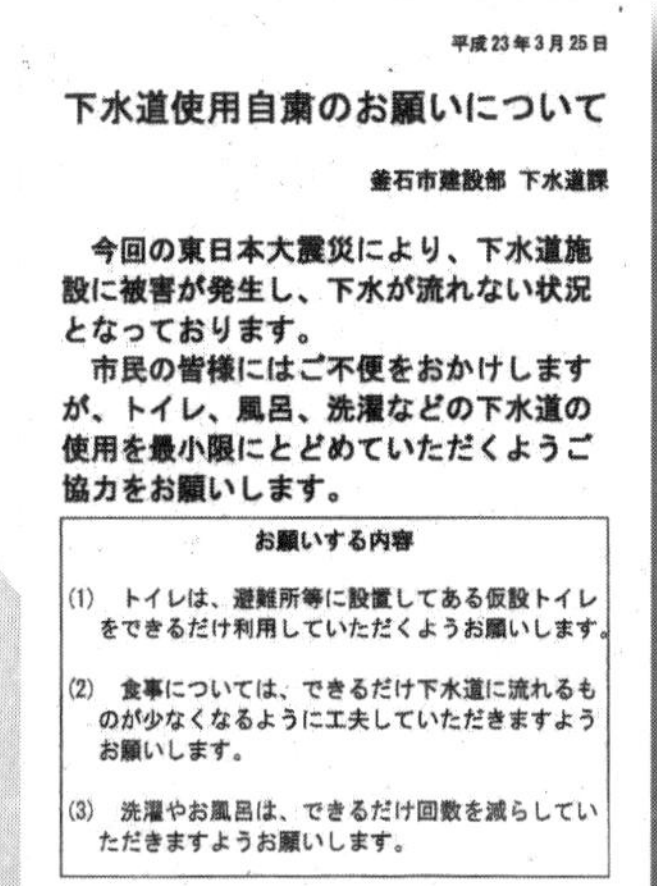

平成23年3月25日

下水道使用自粛のお願いについて

釜石市建設部　下水道課

今回の東日本大震災により、下水道施設に被害が発生し、下水が流れない状況となっております。

市民の皆様にはご不便をおかけしますが、トイレ、風呂、洗濯などの下水道の使用を最小限にとどめていただくようご協力をお願いします。

お願いする内容

(1)　トイレは、避難所等に設置してある仮設トイレをできるだけ利用していただくようお願いします。

(2)　食事については、できるだけ下水道に流れるものが少なくなるように工夫していただきますようお願いします。

(3)　洗濯やお風呂は、できるだけ回数を減らしていただきますようお願いします。

出典：釜石市建設部下水道課

# 53

# 国際的に提唱されている尿管理の〝最低基準〟

人

道憲章と人道支援に関して策定された国際的な最低基準が、「スフィア ハンドブック」という資料にまとめられています。スフィアとは、１９９７年に人道援助を行うＮＧＯのグループと国際赤十字・赤新月運動によって開始されたプロジェクトです。日本でトイレ対策を講じる上でも重要なので紹介します。

まず、最低基準の考え方を次のように説明しています。

「既存の科学的根拠や人道支援の経験知によって形作られており、多くの合意に基づいた最良の実践方法が示されている。最低基準は人の奪うことのできない権利を反映しているため、全世界で例外なく適用される。」

この最低基準を達成するための実践的過程を説明したものが「基本行動」で、最低基準が達成されているかどうかを示す目安（量的指標は許容範囲の下限）が「基本指標」、さらには基本行動を支える追加情報が「ガイダンスノート」として記述されています。

し尿管理に関しては、具体的な最低基準が3つ提示されています。当たり前のことでも、災害時に徹底できているかといえば、そうではありません。地域、施設等におけるトイレ対策を見直す際の参考にしましょう。

## し尿管理の3つの最低基準とは？

**❶ 人間の排泄物のない環境**
自然、生活、学習、仕事や共用の環境への汚染を防ぐために、すべての排泄物が敷地内で安全に格納されている

**❷ トイレへのアクセスと使用**
人びとは十分な数の、適切かつ受け入れられるトイレを安心で安全にいつでもすぐに使用することができる

**❸ 排泄物の収集、運搬、廃棄および処理に関する維持管理**
排泄物の管理施設、インフラやシステムは適切にサービスが提供され、周辺環境への影響を最小限に抑えるよう、安全に維持管理されている

出典：スフィアハンドブック2018

# 54

# トイレの運営管理は男女共同で実施する

「東日本大震災に伴う『震災と女性』に関する調査」では、復興計画を議論する場に女性の参画が必要だと思うと回答した人は85％にもなりました。また、「女性の参画が必要だ」と回答した理由で最も多かったのは「女性の視点が必要だから」で、次に「女性の立場からの意見が必要だから」でした。トイレの運用管理も同様です。安心できるトイレ環境づくりには女性の視点が不可欠ですし、女性ならではの困りごとは男性に相談しづらいものです。

　また、トイレは子どもや妊産婦、障害者、高齢者、疾患のある人、異性による介助、トランスジェンダー、外国人など、様々な視点が必要になります。人道憲章と

## 54 トイレの運営管理は男女共同で実施する

人道支援における最低基準を記した「スフィアハンドブック」では、「人びとは十分な数の、適切かつ受け入れられるトイレを安心で安全にいつでもすぐに使用することができる」という基準を達成するための基本行動のひとつとして「共用あるいは共同トイレの場所、設計や設置は利害関係者の代表者に意見を求める」ことを挙げています。

トイレの最低基準を満たすためには、トイレ計画の策定から運営管理に至るまで、女性を含め多様な利害関係者の積極的な参加が必要です。

### 復興計画の議論に女性の参画が必要な理由は?

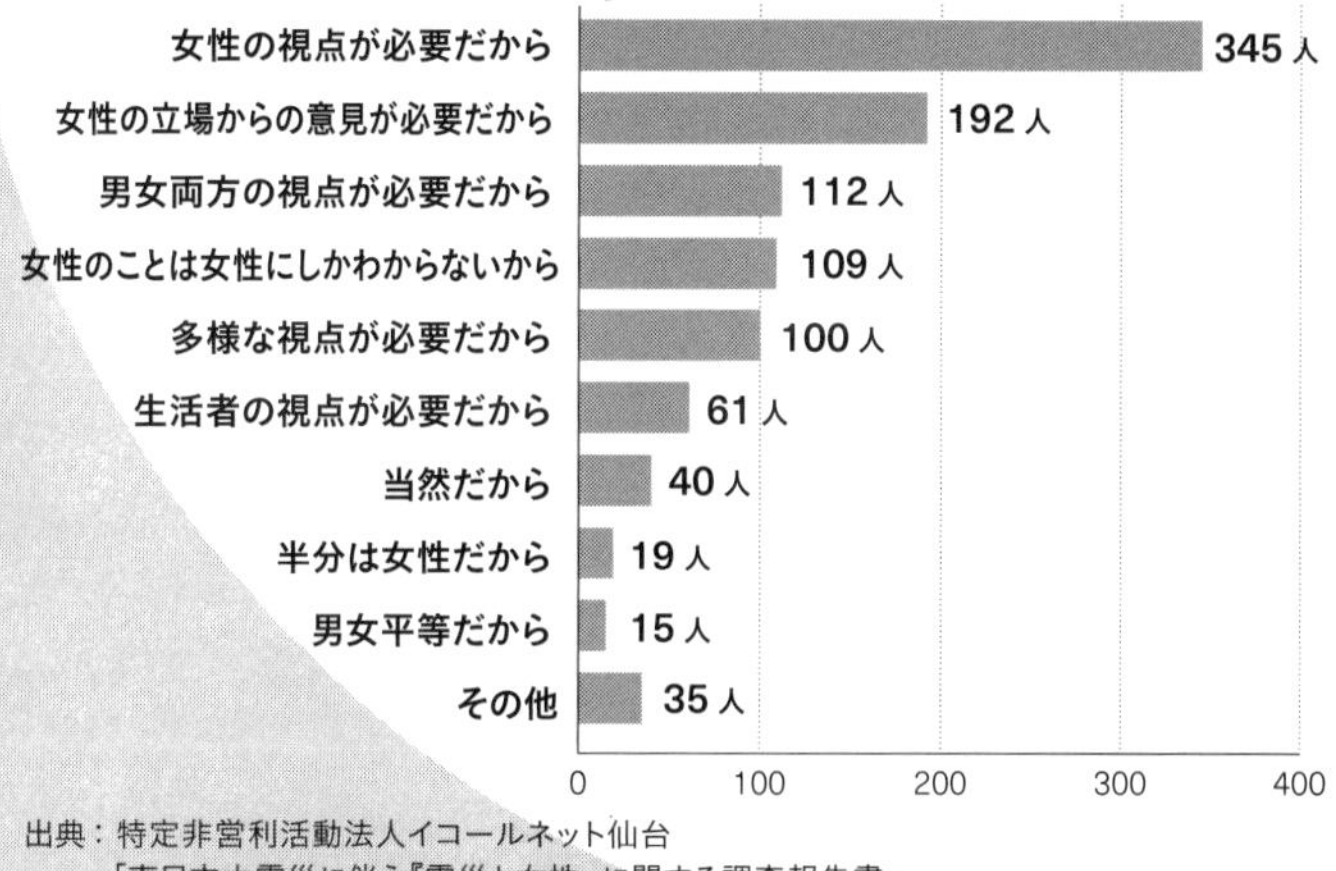


出典:特定非営利活動法人イコールネット仙台
「東日本大震災に伴う『震災と女性』に関する調査報告書」
https://www.i-repository.net/il/cont/01/G0000337wd/000/610/000610983.pdf?log=true&mid=WD01120120001&d=1574985600060

55

# 広域的な検討が必要なし尿の受け入れとルート選定

災害時は、トイレから発生する汚水やし尿の行き先を意識する必要があります。合併処理浄化槽に溜まる汚泥、汲み取りトイレに溜まるし尿は、バキュームカーで汲み取ってし尿処理施設へ運ばれて処理されます。これらが機能しているからこそ衛生的な環境が維持できています。

災害は地域全体に一律の被害をもたらすわけではありません。同じ市町村だったとしてもA地区は甚大な被害があるがB地区はほとんど被害がないということも考えられます。

例えば、し尿処理施設の所在地がA地区だった場合、し尿処理施設は被災します。

しかし、B地区では日常生活が継続しているのでし尿や汚泥が発生し、それらがし尿処理施設に運ばれてくることになります。

愛媛県の大洲市・伊予市・内子町・砥部町で運営する大洲・喜多衛生事務組合清流園（し尿処理施設）は、平成30年7月豪雨で浸水被害を受けた際、松山市衛生事務組合及び民間事業者に依頼して、し尿を受け入れてもらいました。ちなみに、松山衛生事務組合浄化センターは、平成30年7月10日から8月24日まで1日あたり約60キロリットル程度を受け入れました*。

このように市町村はし尿の受け入れ体制を広域的に検討する必要があります。他地域のし尿処理施設等の受け入れ容量の調整だけでなく、し尿を搬送するルートについても事前に決めておくことが必要です。

＊ 松山市「大洲・喜多衛生事務組合清流園（浄化センター）のし尿・浄化槽汚泥などの受入れを終了します」
https://www.city.matsuyama.ehime.jp/hodo/h30/201808/300822jimukumiai.html

# 56

# し尿発生量を考慮して必要数のめどをつける

災害用トイレの必要数を考える際には、大きく2つの点を考慮する必要があります。1つ目は、トイレの待ち時間です。トイレの数が少ないと待ち時間が長くなり、長蛇の列ができます。

2つ目は、し尿発生量です。災害用トイレには、仮設トイレのように、し尿を便槽に貯留するものがあります。その場合、し尿の貯留限界量の把握が必要です。

ここでは、し尿発生量から災害用トイレの必要数を見積もってみます。

1人1回あたりの排尿量は一般的に150～200ミリリットル以上とされます。避難者500人の避難所で、全員が仮設トイレを1日に5回使用し、1回あたりの排尿量を２００ミリリットルと仮定すると、汲み取りをせずに３日間使用し続けるためには、便槽貯留量４５０リットルの仮設トイレで10基、同３５０リットルで13基必要になります。

## 災害用トイレの必要数はどう算出する？

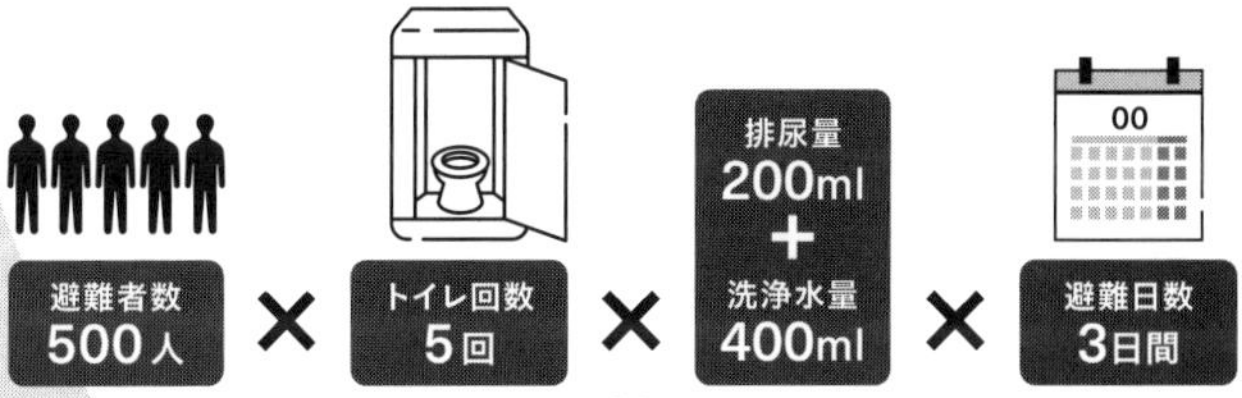


＝

4500L

**4500L ÷ 450L ＝ 10基**

注：最近の仮設トイレは簡易水洗タイプのものが多いので、1回あたりの洗浄水量を約200mlとして、2回流すことを仮定した。なお、便槽にトイレットペーパーを投入した場合、さらに早く便槽が満杯になることが推測される。

# 57

# 災害用トイレは時間経過に応じて組み合わせる

災害時のトイレ対応は、スピードが肝心です。特に発災直後は、組み立てや外部からの調達など、時間のかかるものではなく、容易に準備でき、すぐに使えるものが必要です。

また、不特定多数の人が随時使用する中で、使える状態を切れ目なく維持することも求められます。「しばらく使えない」という事態は避けなくてはなりません。このようなニーズには、複数の種類の災害用トイレを組み合わせて対応することが効果的です。

国土交通省による図を参考に説明すると、発災後すぐに用いるのは「携帯トイレ」

と「簡易トイレ」です。いずれも主に施設内にある既存のトイレに設置するもので、すぐに設置できるように、備蓄しておくことが望ましいです。次に準備するのは、「マンホールトイレ」です。事前に整備してあれば、マンホールを開けてトイレ室を設置するだけで使用可能になります。最後は、外部から「仮設トイレ」を調達します。

このように、発災からの時間経過に応じて、複数の災害用トイレを組み合わせることでトイレ機能を確保することが重要です。

## 切れ目なくトイレ環境を確保するには？

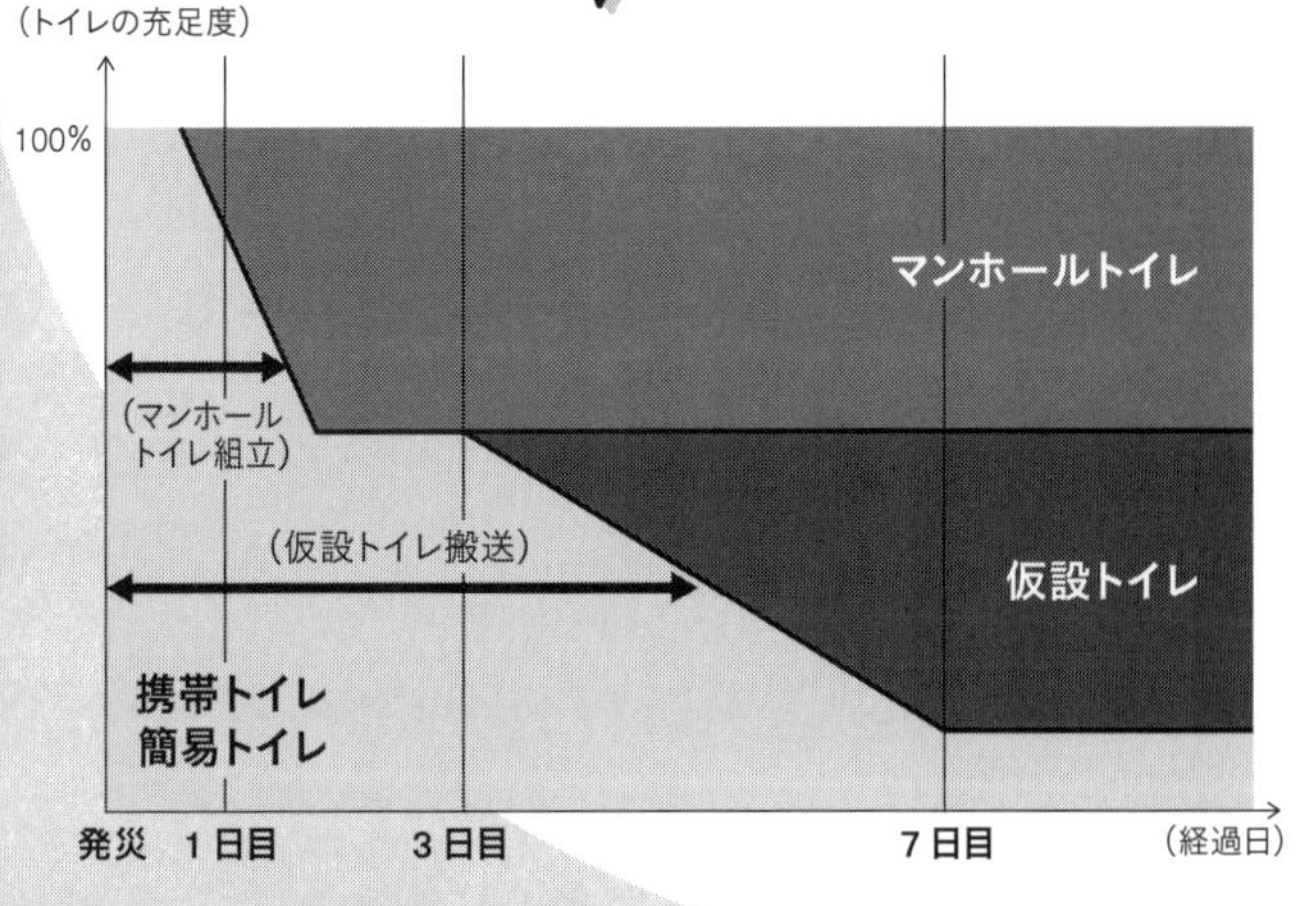


参考：国土交通省 水管理・国土保全局 下水道部
「マンホールトイレ整備・運用のためのガイドライン」（2021年版）

# 58

# 災害になる前に周知しておきたい携帯トイレの使い方

災害時のトイレの初動対応として携帯トイレを用いることが有効です。しかし、避難者の多くは携帯トイレを知りません。見たこともなければ使い方もわかりません。間違った使い方をしてしまうと不衛生な状態になり、集団感染を引き起こすことにもつながります。

そこで、大事なのが使用方法の周知徹底です。災害が起きてからでは遅いので、平時の啓発が重要になります。防災訓練や学校での授業、地域のイベントなど、あらゆる機会を活用して伝えることが必要です。動画を活用することも有効です。

災害が起きてしまった後の周知方法は、これまでの経験者の話を踏まえると主に

2つの方法が考えられます。

1つ目は、イラストや図を用いてポスターを作成し、トイレに掲示することです。

2つ目は、トイレ前にスタッフを配置することです。実際に、東日本大震災の避難所や西日本豪雨の際の病院などで実施されました。

これら2つの方法を両方実施することになると思います。災害時の負担を軽減するためにも平時の啓発を重視したいものです。

## 携帯トイレの使い方は？

1 携帯トイレを濡らさないために便座を上げて、便器にポリ袋を取りつける

2 便座を下ろし、携帯トイレを取りつける

3 吸収シートや凝固剤でうんちやおしっこをかためる

4 使ったあとは空気を抜いてしっかりと結んだら、ふたつきの容器等に保管する

参考：NPO法人日本トイレ研究所「どうする？災害時のトイレ（マンション編）」

# 59

# 持ち運べる簡易トイレを正しく活用する

簡易トイレとは、手軽に持ち運びが可能な便座部分を備えたトイレで、いくつかのタイプがあります。幼児用の「おまる」のように大小便を直接溜めるタイプは、使用後に大小便を排水できるトイレなどに流す必要があります。大小便を袋の中で凝固し、その袋の口を電力で熱圧着するタイプもあります。このタイプはニオイ漏れがありません。ただし、専用のバッテリーもしくは家庭用電源が必要です。ほかに、携帯トイレを取りつけるタイプなどもあります。

これらの簡易トイレは、主に2つの場面での活用が期待されています。

1つ目は、避難所等のトイレの和便器を洋便器化することが求められる場合です。

和便器を何らかの方法で塞ぎ、その上に簡易トイレを置いて使用します。これまでの災害では、高齢者などが和便器にしゃがめない場合に活用されました。

２つ目は、トイレの数が足りない場合や感染症の症状がある人専用のトイレが必要な場合など、建物内に新たにトイレを設けるときに使用します。簡易トイレによるトイレ室を新たにつくる場合は、ひじ掛けや背もたれなども用意し、利用者の転倒防止にも配慮することが必要です。

**避難所に設置した簡易トイレ**

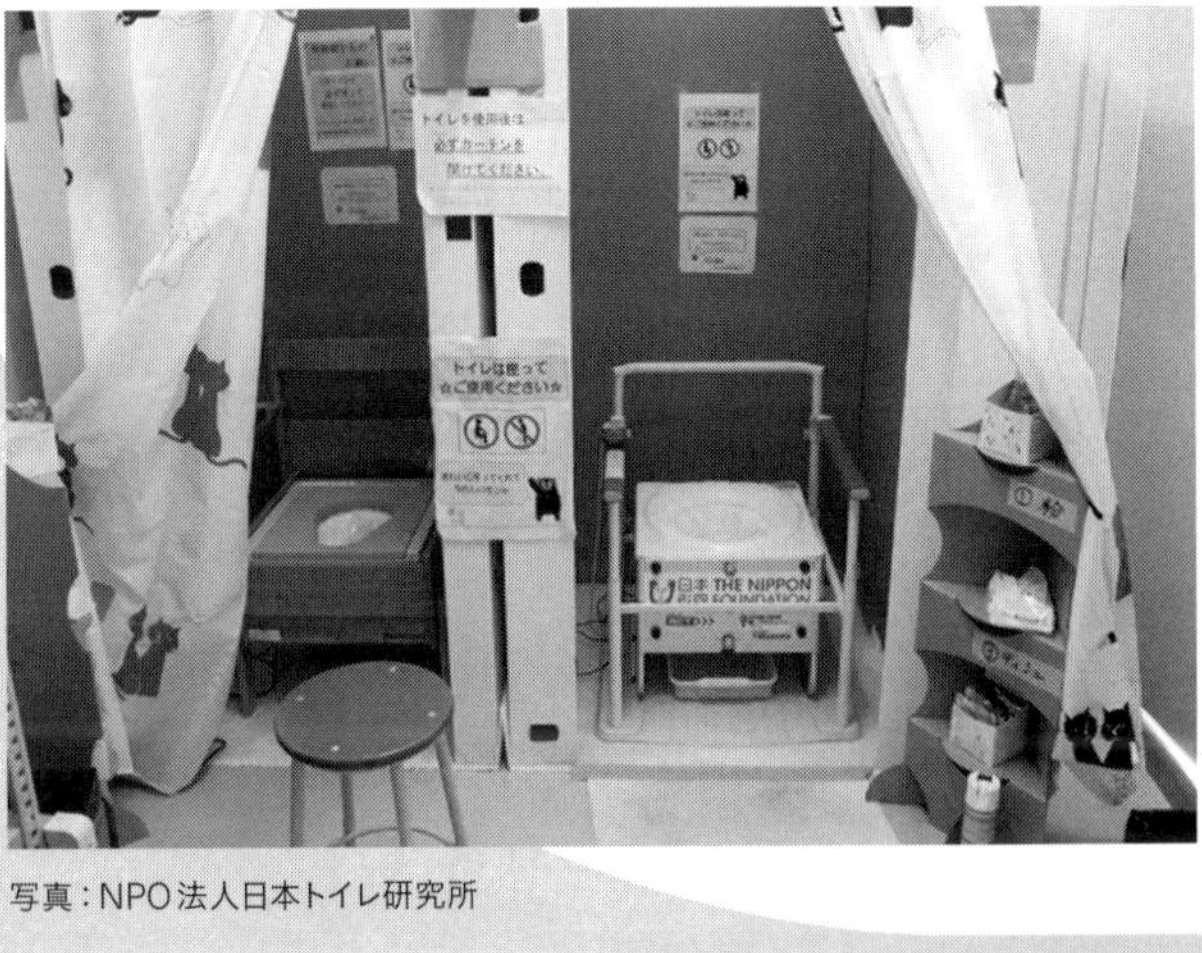

写真：NPO法人日本トイレ研究所

# 60

# 仮設トイレは国が定める「快適トイレ」を優先して調達する

東

日本大震災の避難所でヒアリングした結果、仮設トイレの改善要望で多かったのは「くさい」「暗い」「汚い」「洋式無（し）」でした。避難所には、ケガをした人、高齢者、障害者、そして子どもたちもいるため、当時の仮設トイレは被災者にとって使いづらいトイレでした。そもそも仮設トイレは、主に建築・建設現場で活用することを目的として開発されたものです。コンパクトで運搬しやすく、ホコリ、汚れ、雨風に強くて頑丈という利点もありますが、避難所では課題山積だったわけです。

２０１６年８月、国土交通省は建設現場の職場環境の改善を目的として、男女とも快適に使用できる仮設トイレを「快適トイレ」と名付け、標準仕様を決定しまし

60

## 仮設トイレは国が定める「快適トイレ」を優先して調達する

た。国土交通省が入札手続きを開始する土木工事においては、「快適トイレ」を基本としており、令和2年度契約工事の快適トイレ導入率は74・9%です。

　災害時のトイレ対策として、行政は仮設トイレの備蓄や支援協定などを進めています。その際に「快適トイレ」を優先すべきですし、避難所等の運営に関わる人も「快適トイレ」を要望すべきです。

　これからは量だけでなく質を求めることが重要です。

## 快適トイレの標準仕様とは?

### 1. 快適トイレに求める機能

① 洋式（洋風）便器
② 水洗及び簡易水洗機能（し尿処理装置を含む）
③ 臭い逆流防止機能
④ 容易に開かない施錠機能
⑤ 照明設備
⑥ 衣類掛け等のフック、又は荷物の置ける棚（耐荷重を5kg以上とする）

### 2. 付属品として備えるもの

⑦ 現場に男女がいる場合に男女別の明確な表示
⑧ 周囲からトイレの入口が直接見えない工夫
⑨ サニタリーボックス（女性用トイレに必ず設置）
⑩ 鏡と手洗器
⑪ 便座除菌クリーナー等の衛生用品

### 3. 推奨する仕様、付属品

⑫ 便房内寸法900×900mm以上（面積ではない）
⑬ 擬音装置（機能を含む）
⑭ 着替え台
⑮ 臭気対策機能の多重化
⑯ 室内温度の調整が可能な設備
⑰ 小物置き場（トイレットペーパー予備置き場等）

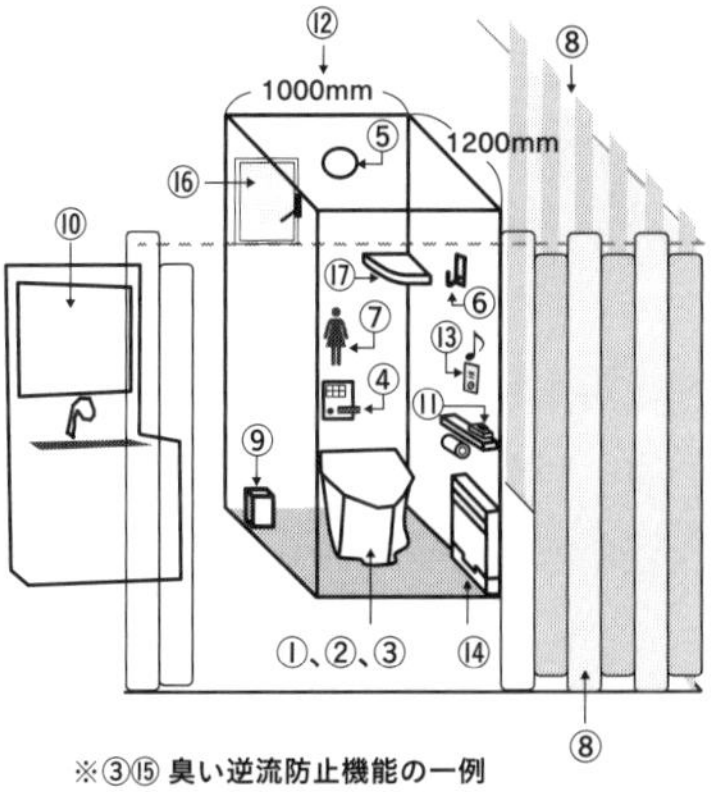


※③⑮ 臭い逆流防止機能の一例

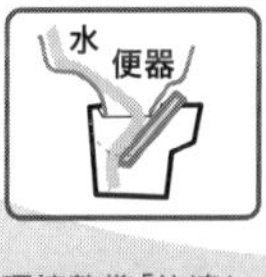


参考：国土交通省 大臣官房技術調査課 現場の環境整備「快適トイレの標準仕様イメージ」（R2.8 一部見直し）https://www.mlit.go.jp/tec/content/001358661.pdf

# 61 仮設トイレにはボックスタイプと組立てタイプの2タイプがある

仮設トイレとは、必要な場所に一時的に設置して使用できるトイレです。大きく分類すると、トイレとして組み上がった状態で搬送し、現場に設置後すぐに使えるボックスタイプと、分解した状態で搬送し、現場で組立てて使用するタイプに分かれます。

いずれもトラックへの積載もしくは牽引で運搬されることが一般的ですが、組立てタイプは分解して収納しておくことができるため備蓄に適しています。

ボックスタイプはさらに2つに分かれます。

1つ目は個室ごとに独立しているもので、建設現場や野外イベント等でよく目にするトイレです。

2つ目は、1つの空間の中に複数の個室を有するものです。コンテナトイレ、ハウストイレ、トレーラートイレなど様々な呼称があり、トイレ本体には、規格化された海上輸送用コンテナや軽量鉄骨構造等のハウスが用いられます。使用時に床置きで使用できるものは段差が小さくなります。

ボックスタイプ、組立てタイプいずれも、トイレ室の下部に便槽があるものが一般的で、し尿が一定量溜まったら汲み取りが必要になります。現場で仮設配管して、上下水道に接続する場合もあります。洗浄方式は、非水洗、簡易水洗、通常水洗と様々です。

**仮設校舎に支援された仮設トイレ（ボックスタイプ）**

写真：NPO法人日本トイレ研究所

# 62

# 仮設トイレは〝人目につく〟場所に設置する

屋

外に設置する仮設トイレは、設置場所が重要です。災害時においてはできるだけ人目につくところに設置することが必要だと考えます。

東日本大震災女性支援ネットワークによる、「東日本大震災『災害・復興時における女性と子どもへの暴力』に関する調査報告書*」では、「避難所内の照明の整備、街灯の整備等、暗がりや死角を作らないような配慮や工夫、男女別トイレの設置など、環境整備の必要性が指摘される」という記述があります。

これは、トイレにも当てはまる考え方です。トイレ内外の照明、トイレまでのアプローチの足元灯や街灯、暗がりや死角とならない場所への設置が求められます。

男女別だけでなく子連れや介助等の異性の同伴、トランスジェンダーなどの利用も考えられるため共用トイレも必要です。そして、多くの人の目が行き届くところに設置することが犯罪抑止にもつながると考えます。

避難所の生活空間から遠くなく、かつ安全に利用できる場所を関係者と話し合い、事前に決めておくことが必要です。発災してから決めるのでは間に合いません。その際に、緊急車両の動線と重ならないようにすること、汲み取りが容易に実施できるようにすること、足場がドロドロになりやすいので舗装されている場所が望ましいことなどを考慮してください。

＊ 東日本女性支援ネットワーク「東日本大震災『災害・復興時における女性と子どもへの暴力』に関する調査報告書」(2015年1月改定ウェブ版)
http://risetogetherjp.org/?p=4879

# 63

# マンホールトイレは〝下水道接続〟と〝便槽貯留〟の2タイプ

災

害時、地面に設置されているマンホールのフタを開けて、その上に便器等を取りつけ、さらにプライバシーを守るためのトイレ室を設置することで、臨時のトイレをつくる仕組みを「マンホールトイレ」と言います。

ただ、どのマンホールでもトイレを設置できるわけではありません。マンホールの下部（地中）の構造が汚物を受け入れられるようになっていることが条件です。

この下部構造には大きく2つのタイプがあります。

1つ目は下水道に接続した排水管を敷設し、大小便を下水道に流せる構造になっているタイプです。大小便を流す水が必要になります。特例で公道のマンホールに直接設置することもありますが、その場合は、下水道に一定の流量が確保されていることや下水道管の大きさに余裕があることなどが必要になります。

2つ目は、マンホールの下部に便槽を整備するタイプです。このタイプは、下水道に接続されていないので、最終的には汲み取りが必要になります。

いずれのタイプも主に指定避難所や公園等に整備されていますので、管理者に確認すればマンホールトイレの有無がわかります。繰り返しになりますが、どのマンホールでもよいというわけではありませんので、注意が必要です。

## マンホールトイレの2タイプとは？

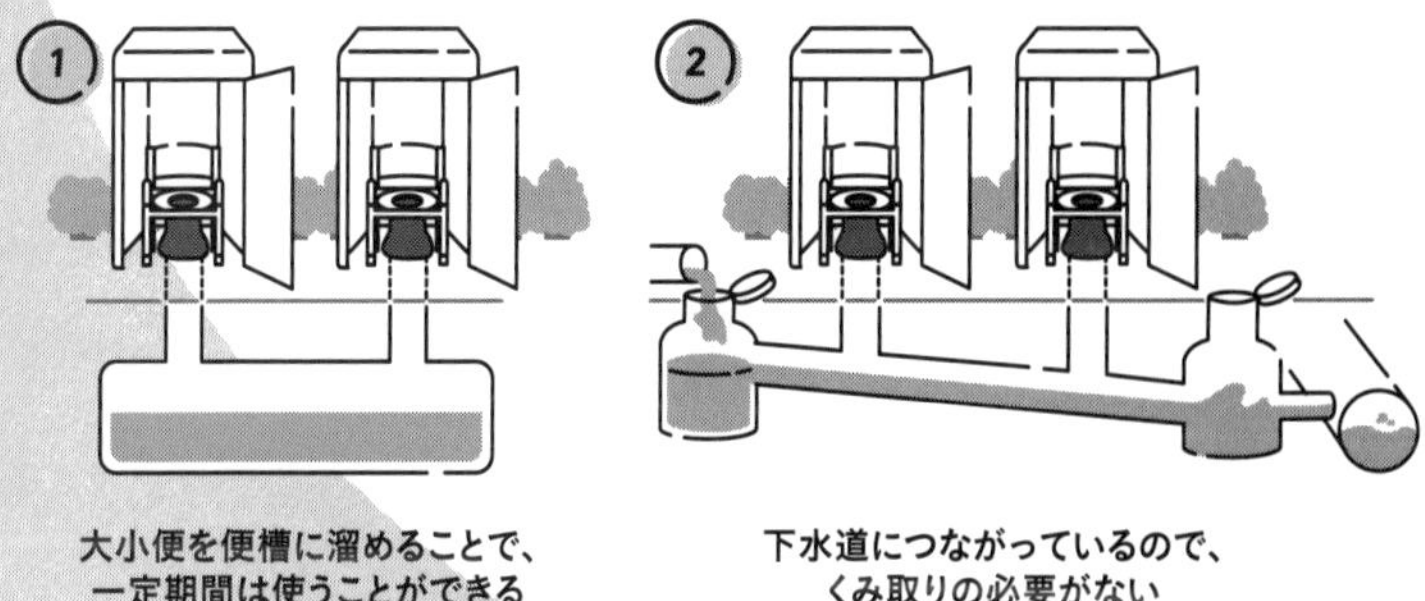

大小便を便槽に溜めることで、
一定期間は使うことができる

下水道につながっているので、
くみ取りの必要がない

参考：NPO法人日本トイレ研究所（災害用トイレ普及・推進チーム）「災害時、専用のマンホールに、トイレを組み立てれば完成」
https://toilet-guide.blogspot.com/2022/01/blog-post.html

# 64

# 段差がなく衛生的なマンホールトイレのメリット

マンホールトイレには、主なメリットが3つあります。1つ目は、トイレ入口の段差を最小限に抑えられることです。従来の仮設トイレは、便器下部に便槽を有する構造になっているため、トイレの入口に段差ができてしまいます。そのため、足腰の悪い人や車いす使用者等は、スロープを設置しない限り、一般的な仮設トイレを使用することは困難でした。なかには、段差がない仮設トイレもありますが、市場に流通している数量は多くありません。一方で、マンホールトイレは地面に設置してあるマンホールトイレのフタを開けて、その場にトイレ室を設置するため、トイレの入口の段差を最小限にできます。2016年の熊本地震の際には、

## 64 段差がなく衛生的なマンホールトイレのメリット

避難所のマンホールトイレを車いす使用者が使うことができました。

2つ目は、下水道に接続しているタイプであれば、便器洗浄水やトイレ掃除に使った水、トイレットペーパー等を通常の水洗トイレと同様に便器内に流すことができます。

3つ目は、便器およびトイレ室の組み立てが比較的容易であることから、災害時に迅速にトイレ機能を確保できることです。発災後、トイレはかなり早い段階で必要になることが分かっていますので、素早くトイレを確保できることは重要です。ただし、下水道管や処理施設が被災した場合は、使用できなくなるので注意が必要です。

マンホールトイレの設置例

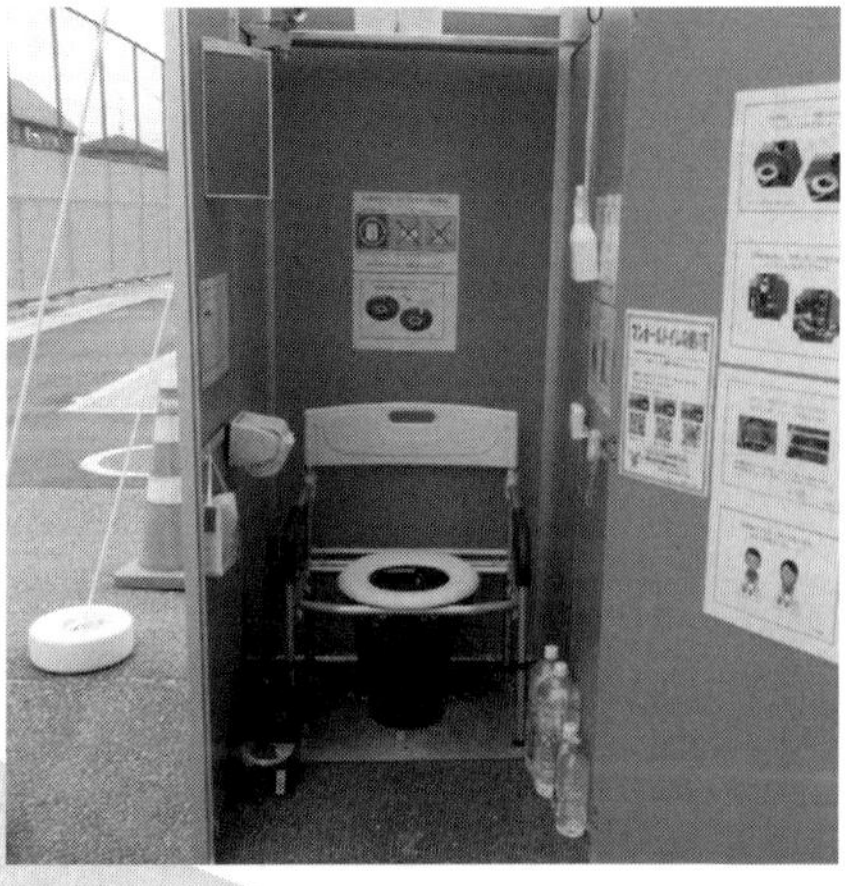

写真：NPO法人日本トイレ研究所

# 65

# 運動会をマンホールトイレの啓発・訓練の機会にする

防災の日常化や自分ごと化が大事という言葉をよく聞きますが、実践することは容易でありません。特に災害用トイレに関しては、どのようなものがあり、どうやって使用するのかを知っている人は少ないことが大きな課題です。一人でも多くの人に知ってもらうことが必要で、防災訓練はその格好の場となるのですが、思うように参加者が集まらず、形式的なものになってしまっている場合が少なくないのではないでしょうか。

東日本大震災を経験した東松島市は、マンホールトイレの準備や使い方、維持管理の方法を伝える場として小学校の運動会を活用しています。運動会は、児童と教職員だけでなく保護者や地域の関係者など、多くの人が来校するので、校庭にトイレが必要となります。この機会を活用してマンホールトイレを準備し、実際に使用してもらっているのです。マンホールトイレは、教職員と保護者も協力して設置運営を行っています。小学校の多くは避難所に指定されていますので、運動会参加者は避難所の利用者です。そのため、運動会でマンホールトイレを使用することは、災害時のトイレ対応を身につけるという面で非常に効果的ですし、防災意識の向上にもつながります。また、設置から撤去までの一連の作業における課題が明確になることで、改善につながることも利点です。

運動会というハレの舞台で、マンホールトイレの啓発と訓練を同時にできるなんて最高だと思いませんか？

**運動会での設置例は？**

写真：東松島市建設部下水道課

# 66

# 下水道接続タイプのマンホールトイレには3型式ある

マンホールトイレには、下水道接続と便槽貯留の2タイプがあると【63】で説明しました。このうち下水道接続に関しては、下部の構造に関してさらに3つに分類することができます。ここでは、マンホールトイレ整備・運用のためのガイドラインに記載されている名称で説明します。

1つ目は、本管直結型です。下水道管路の上流から流れてくる下水を利用して大小便を流す方法です。上流から流れてくる下水を活用するので、管内の大小便を流す水を新たに確保する必要はありません。

2つ目は、流下型です。敷地内にマンホールトイレ専用の排水管を敷設し、それを下水道管路に接続する方法です。大小便を下水道管に流すための水が必要になります。

3つ目は、貯留型です。流下型と同様に敷地内に排水管を敷設し、下水道管路に接続します。マンホールまたは汚水マス内に貯留弁等を設けて排水管を一時的な貯留槽とした構造や、排水管の下流側に貯留槽を別途設けた構造があります。

## マンホールトイレの3型式とは?

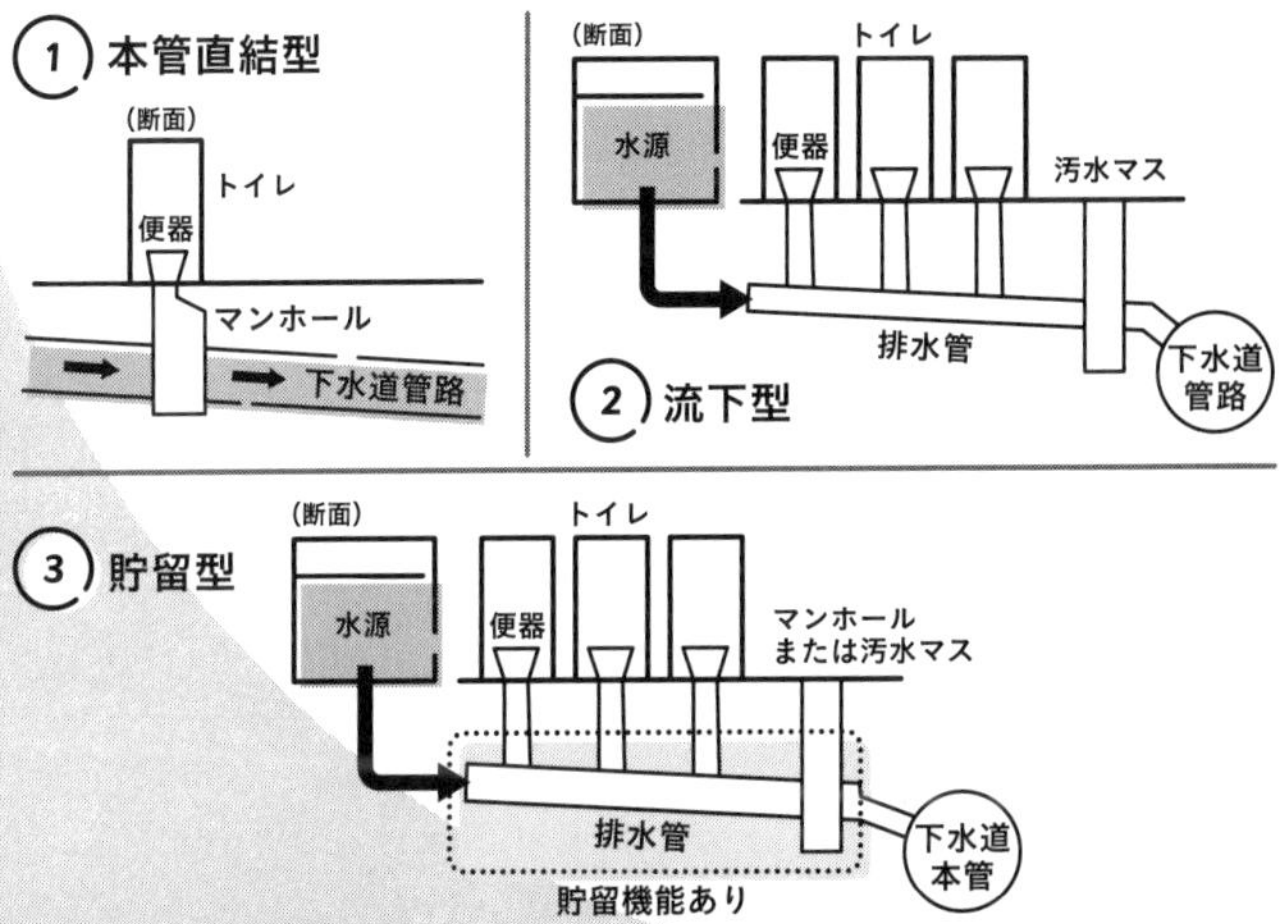


参考：国土交通省 水管理・国土保全局 下水道部「マンホールトイレ整備・運用のためのガイドライン」(2021年版)

# 67

# 処理装置が備わった自己処理型トイレを活用する

大

小便や汚水を処理する装置が備わっていて、処理水を外部に放流しないトイレのことを「自己処理型トイレ」と呼んでいます。

自己処理型トイレは、山岳地や山麓、海岸、離島などの自然地域で、上下水道、商用電源、道路等のインフラの整備が不十分であったり、自然環境の保全に配慮が必要であったりする場所を中心に整備されています。自己処理型トイレの処理装置には、生物学的処理、化学的処理、物理学的処理、もしくはそれらの組み合わせなど、様々な方式があります。いずれの方式も原則として洗浄水やし尿処理水を公共用水域等に放流・排水しない非放流式の技術であることから、建築基準法施行令に規定されている「くみ取《と》り便所」として扱われます。

自己処理型トイレのひとつである循環式トイレは汚水をその場で処理して再び洗浄水として利用できます。給排水することなく一定期間使用できるので、災害時も機能することが期待できます。ただし、使用回数が増えると水質の低下や汚泥等の蓄積が想定されるので、その場合はくみ取りが必要です。

## 避難拠点に設置された循環式トイレ

写真：NPO法人日本トイレ研究所

# Part 5

快適に過ごすために！

# 被災時に取り組みたい避難所のトイレ運営

# 68

## 声掛けでトイレ我慢を予防する

水分を摂ることは健康を維持する上で不可欠です。そのため、避難所等では「脱水にならないように水分を摂ってください」というメッセージをよく見ます。

水分が不足すると脱水症やエコノミークラス症候群等になり、命を落としてしまうこともあります。

ここで見落としがちなことが2つあります。1つ目はトイレ環境を整えることです。トイレが不便だったり、不衛生だったりすると、私たちはできるだけトイレに行かないように水分摂取を控えてしまいます。いくら水分を摂ってくださいと伝えても、安心できるトイレがなければ、水を飲むことはできません。

２つ目は、声掛けの大切さです。避難所生活は住み慣れた家庭での生活とは異なります。例えトイレ環境が改善されたとしても、トイレまで遠かったり、寒かったり（暑かったり）するとトイレに行くことが億劫になります。特に高齢者は生活環境の変化などが影響してトイレに行くタイミングを失い、そのまま我慢しがちです。発災当初の不便なトイレ事情などの印象が強いとなおさらです。

そんなときに効果的なのが「そろそろ一緒にトイレに行きましょう」という声掛けです。トイレに行くことで、生活リズムを取り戻すこともありますし、歩いてトイレに行くことで定期的に運動することにもなります。

避難所で「水洗トイレが使えるようになったから、一緒にトイレに行きましょう！」と声掛けしたという話を聞きました。本当は断水していたのですが、ポンプを用いて水をくみ上げてあたかも水洗トイレが復旧したように見せかけて声掛けをしたのです。こういうやさしさが被災者の健康を守ることにつながります。

# 69

# 全員参加でトイレの清潔を維持する

トイレはすべての人が使用します。そのため、トイレを清潔な状態で維持するには全員の協力が必要になります。

避難所の運営は、外部からの支援に依存するのではなく、被災者自身が自主的に運営することが大切です。例えば、建物内の日常のトイレ掃除は、避難者を町内会ごとに班分けを行って当番制で実施することが考えられます。ただし、昼間は自宅の片づけや仕事などで、避難所に残っているのは高齢者や子どもになる傾向があるため、一部の人に負担がかからないように配慮することが必要です。

日本トイレ研究所は東日本大震災のとき、「トイレ掃除隊」を結成して衛生面に配慮した避難所のトイレ掃除を行いました。このときは短期間での実施でしたが、日常的に実施しているトイレ掃除の重要性を避難者と確認するとともに、専門的な視点でサポートすることができたと思います。

トイレ掃除は誰もができることです。しかも清潔なトイレは衛生や健康だけでなく、集団生活における精神衛生という観点でもプラスです。防災訓練のプログラムに、衛生面に配慮したトイレ掃除を加えたり、ボランティアの支援メニューに位置付けたりするなど、トイレ掃除のステータスを高めていくことが必要だと考えています。

### トイレ掃除隊とは？

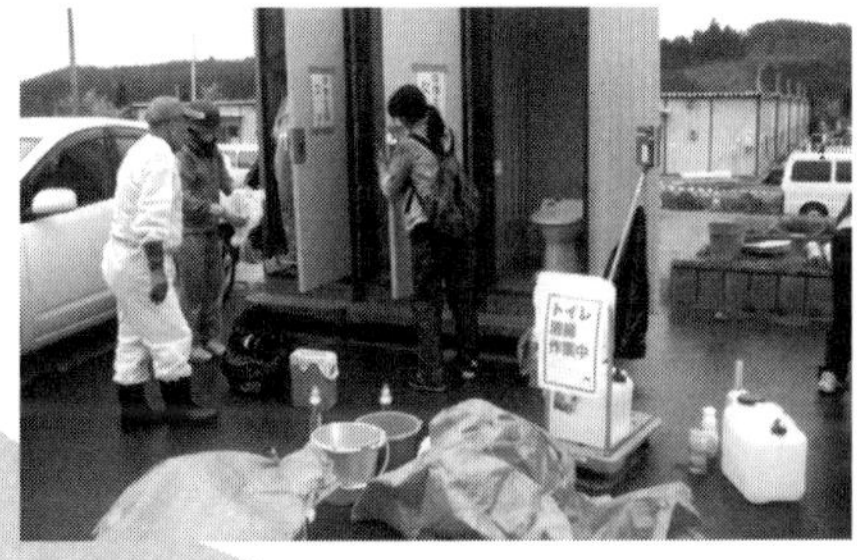

写真：NPO法人日本トイレ研究所

# 70

# トイレは手で触れやすい9か所に注意して清掃する

トイレでは多くの人が同じ部分に触ります。スイッチ、ドアの取っ手、手すり、ふた、便座、洗浄レバー（ボタン）、ペーパーホルダー、石けんのポンプ、蛇口などです。排泄後に手が汚れている場合、その手で触れた部分は汚れる可能性が高くなります。見た目で汚れていなかったとしても、細菌やウイルスが付着していることも考えられます。つまり、接触感染を起こしやすいのです。ちなみに、接触感染とは感染者がウイルス等の付いた手で周りの物に触れ、他の人がそれに触れてウイルス等が手に付着し、その手で口や鼻を触れることで粘膜から感染することを指します（【09】参照）。

そのため、特に手が触れる部分は、定期的に清掃して汚れを落とし、消毒することが求められます。消毒するときは一方向に拭くようにします。行ったり来たりすると汚れを広げることにつながるからです。

ただし、トイレを使用するたびにすべての部分を消毒するのは現実的ではありません。たとえ高頻度で清掃したとしても、直前の人が汚してしまうこともあります。

そんなときでも頼りになる感染予防は、トイレ使用後にしっかり手を洗うことです。

## 注意して掃除したい9か所は？

参考：NPO法人日本トイレ研究所・小林製薬株式会社「家庭トイレの環境衛生と手洗い〜新型コロナウイルスの家庭内感染リスクを減らすためにできること〜」
https://www.kobayashi.co.jp/corporate/news/2020/200904_01/

# 71

# 服の袖をまくり飛散する汚れの付着を避ける

排便後、多くの人はトイレットペーパーでお尻を拭きます。その際に注意してほしいことがあります。排便後のお尻に便の飛沫が飛散している可能性があるため、それで衣類を汚さないようにすることです。

長野県北信保健福祉事務所による調査では、水様下痢便の場合、臀部への飛散がかなりあることがわかっています。つまり、トイレットペーパーでお尻を拭く際に臀部に飛散した汚物が、手のひらや袖口についてしまうということがあるのです。袖口の汚れは手を洗っても除去できないので、ウイルスや病原菌等を無意識に運んでしまうことになります。もちろん、水様下痢便でなくても、汚水の跳ね返り等が臀部に飛散していることも考えられます。

そんなときは、袖をまくった状態でお尻を拭くことをおすすめします。当たり前ですが、トイレ使用後は手のひらなどに目に見える汚れがなかったとしても、汚染されていると思った方がよいです。トイレ使用後はとにかく手洗いが大事ということです。

**排便後の肛門拭き取り時、手や袖口はどれくらい汚れる？**

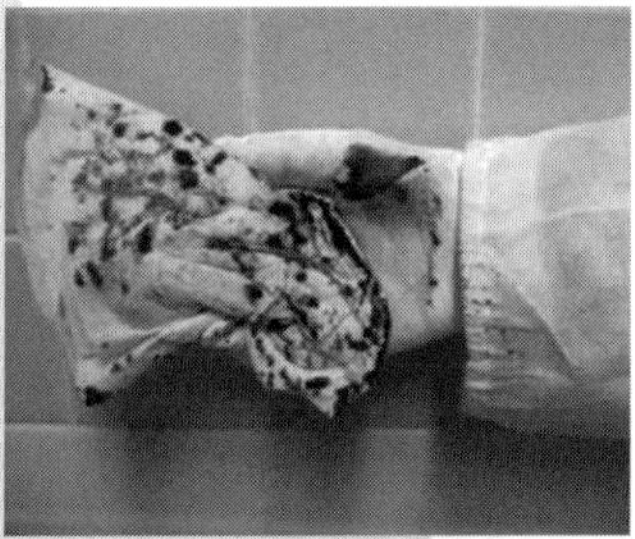

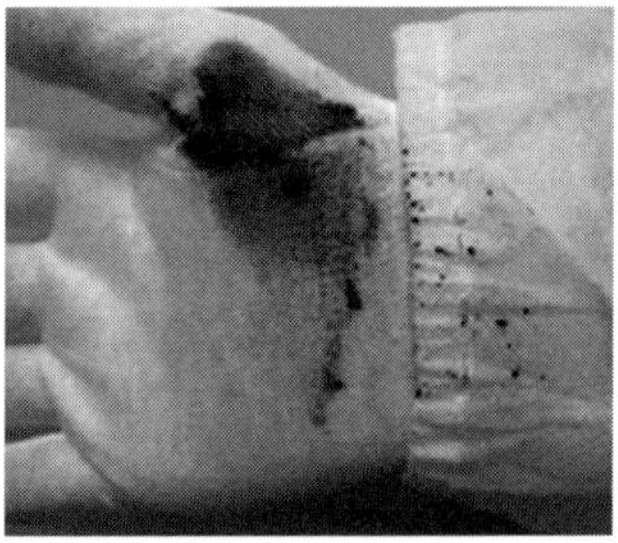

拇指球及び袖口に汚染が認められる

出典：長野県北信保健福祉事務所「トイレを起点とするノロウイルス汚染拡大の検証」

# 72

# 水害時にはトイレの近くに〝大きなごみ箱〟を置く

2020年（令和2年）7月、九州では記録的な大雨となり、熊本県人吉市では15か所の避難所が開設されました。そのうちのひとつである人吉スポーツパレスは浸水を免れたものの、発災当日は700〜800人の避難者で混雑し、避難生活が1週間から10日間ぐらい続きました。人吉スポーツパレスでは水洗トイレが使えたこと、トイレの維持管理はシルバー人材センターが担っていたことにより、トイレの混乱はありませんでした。

しかし、水害ならではの新たな課題がありました。避難者の多くは衣類が水で濡れたり、泥で汚れたりしているため、汚れた靴下や下着、オムツなどをトイレに流してしまい、それらが敷地内の汚水槽に詰まり、一部の水洗トイレが使用できなくなる事態が発生したのです。このような事態を避けるためには、水害時はトイレの近くに大きなごみ箱を設置することが必要です。

また、避難者は日中に自宅の片づけを行い、泥などで汚れた状態で避難所へ帰ってきます。衣服に泥が付いた状態で避難スペースに入ると、室内が汚れるだけでなく土埃により感染症が起きやすくなります。

人吉スポーツパレスでは、避難所の入口に仮設の足洗い場を設置し、ブラシと洗剤も用意していました。避難所内の衛生を保つ上で重要な取り組みです。

**ごみ箱以外にできる工夫は？**

写真：NPO法人人吉市体育協会（仮設の足洗い場）

# 73

# 屋内のトイレ不足は簡易トイレで解消する

避

難所にどのくらいの人が集まるかは、災害が起きてみないとわかりません。想定していた以上に集まってしまうことも考えられます。避難者が増えれば、トイレの必要数も増えます。災害の状況にもよりますが、避難者は発災数日後にピークとなり、その後、徐々に減少します。新潟県中越地震では5日目、熊本地震は4日目がピークとなりました。

生理現象としての排泄は災害時も待ったなしなので、素早い対応が求められますし、数日間で量的な確保が必要になります。

これらのニーズに応えるには、既設のトイレを活用した携帯トイレが有効ですが、そもそも携帯トイレを取りつける便器とプライバシーを守る個室が不足することも考えられます。

このような場合、屋内で活用できるのが「簡易トイレ」です。これまでの災害においては、体育館内の器具庫、廊下、教室、その他のオープンスペース等を活用して簡易トイレが設置されました。

既設のトイレに行くまでに段差があってアクセスできないとき、近場にトイレ空間をつくることができます。また、新型コロナウイルス感染症の症状がある人は専用のトイレが必要になりますので、そういった場面においても役立ちます。写真は、東日本大震災の仮設診療所に設置した簡易トイレです。トイレ個室とセットで備えておくことが必要です。

**簡易トイレはどうやって設置する?**

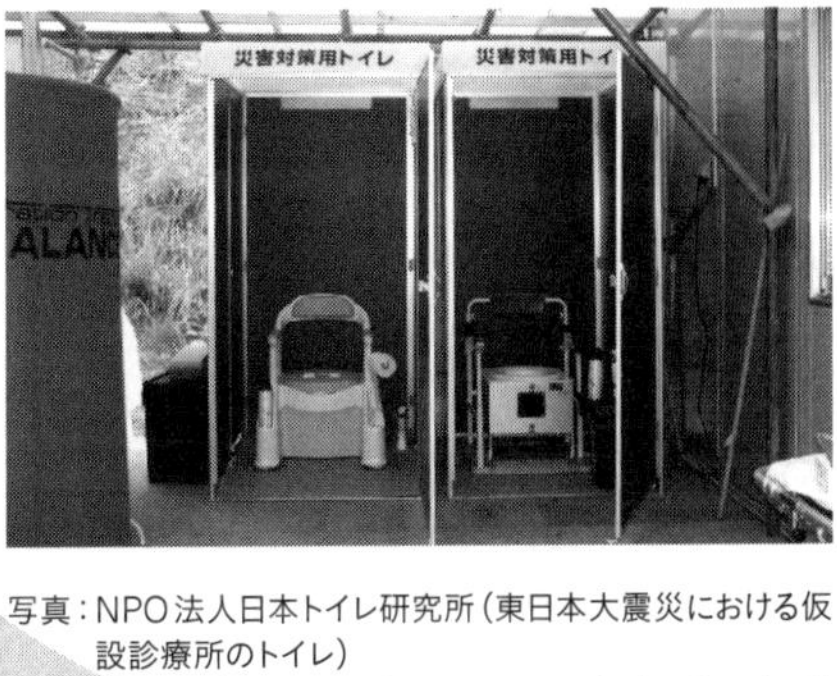


写真：NPO法人日本トイレ研究所（東日本大震災における仮設診療所のトイレ）
https://www.pref.kumamoto.jp/uploaded/attachment/65435.pdf

# 74

# 仮設トイレの容量をかせぐための〝棒ならし〟と〝ペーパー分別〟

仮設トイレの入り口に2段くらいの段差が生じるのは、便器の真下に大小便を溜めておくタンク（便槽）があるからです。そのタンクに溜められた大小便はバキュームカーでくみ取ります。しかし、災害時の道路事情によってはバキュームカーがすぐに到着するとは限りません。そもそもトイレの水洗化に伴い、バキュームカーが少なくなっているので、なおさら厳しい状況です。利用者はできるだけタンクを長持ちさせることが必要です。

災害時における仮設トイレ使用実態で分かっていることは2つあります。1つ目は、大便がタンク内で山盛り状に堆積することです。本来ならもっと貯留できるはずなのに山盛り状に堆積することで満杯だと勘違いして、使用禁止にしてしまいます。対応策は、棒などで山盛りになった便を崩してならすことです。

2つ目は、使用済みペーパーの分別です。かさばるペーパーを便槽に捨ててしまうと大小便の貯留容量が少なくなるため、ビニール袋などに分別する取り組みがなされました。ただし、不衛生なのでフタつきのボックス（フットペダルで開閉）などにビニール袋を付けて捨てることが好ましいです。

## なるべく長く使うための“棒ならし”

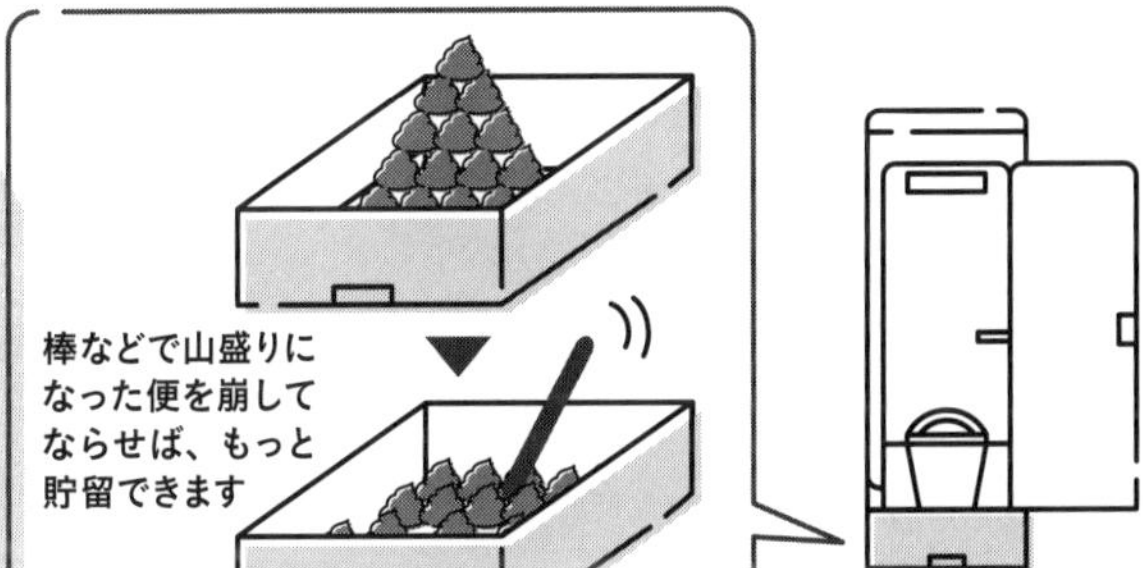

# 75

# 仮設トイレの運用は維持管理のプロに任せる

自治体へのアンケートで「災害時に調達・設置した仮設トイレの維持管理は、だれが実施しますか？」という質問をしたところ、「決めていない（42・4％）」、「避難所担当の職員・教員（26・3％）」という結果になりました。避難所等の建物内のトイレは、避難者によるコミュニティで清掃・管理することが効果的です。しかし屋外に設置される仮設トイレは、車中避難者や在宅避難者、帰宅困難者、ボランティアなど、様々な人が公衆トイレ的に使用するため、維持管理者が決まっていなければ、あっという間に不衛生な空間になります。一方で避難所担当の職員・教員には、復旧・復興業務に従事してもらうことが望ましいです。

# 75 仮設トイレの運用は維持管理のプロに任せる

そこで、衛生を専門とする民間団体や業者、ボランティア等と連携することを検討してはどうでしょうか。西日本豪雨のとき、岡山県倉敷市は安心して仮設トイレを使えるように、高圧洗浄車を使用した巡回作業（くみ取り、掃除、ペーパー補充、水補給等）を維持管理業者に依頼しました。

ほかの被災地では維持管理体制が決まっていなかったことで、仮設トイレの設置が受け入れられなかったケースもありますので、仮設トイレの維持管理計画を作成することは重要です。

## 仮設トイレの維持管理は誰が実施する？

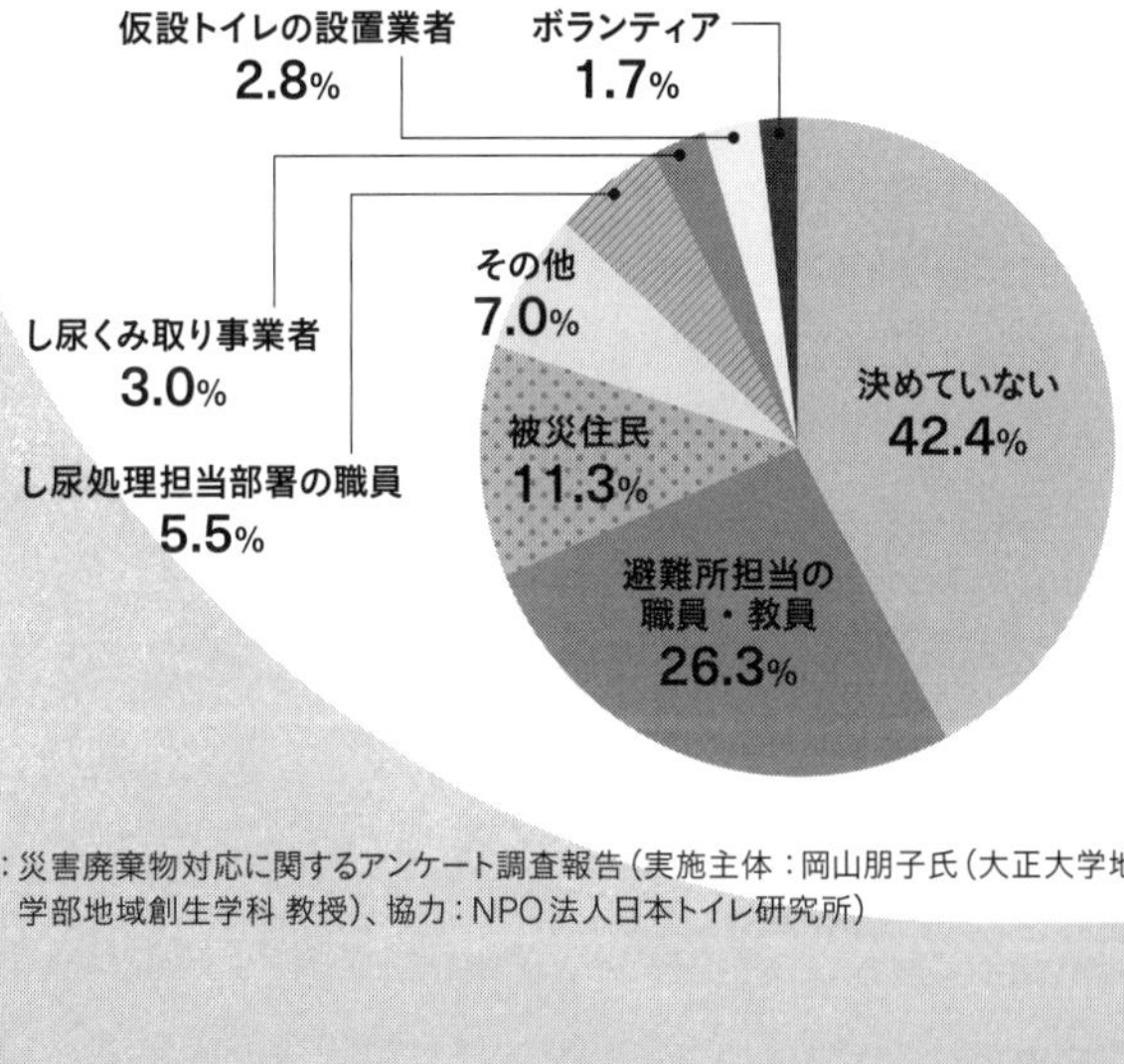


出典：災害廃棄物対応に関するアンケート調査報告（実施主体：岡山朋子氏（大正大学地域創生学部地域創生学科 教授）、協力：NPO法人日本トイレ研究所）

# 76

## トイレ環境を整えるために欠かせない〝意見を聞く〟こと

スフィアの最低基準（【53】参照）のひとつとして「トイレへのアクセスと使用」があります。これは、トイレの必要数や使用環境を整えることの重要さを示した基準です。数については、十分な数という表記になっており具体数は示していません。また、使用環境は安心で安全にいつでもすぐに使用できることを求めています。この基準を達成するためにとるべき基本行動が5つあります。なかでも特に重要だと考えるのが、3つ目に示されている「利害関係者の代表者に意見を求める」です。

トイレ環境の整備で大切なことは、すべての人が安心して使えているかどうかです。しかし、安心は人によってことなるため、整備や支援側の押し付けであってはいけません。そのため、その場に避難されている人の意見を聞くことが重要です。

自分の意見を聞いてもらえる、その意見が反映される、反映できなかったとしてもその意見を踏まえて検討されることは、避難所等を運営する上で大切です。トイレを安全かつ衛生的に維持管理することにもつながります。

逆に、意見を聞いてもらえないという状況は、排除されているという意識を生み出すことになり、秩序を保つことが困難になります。

## 基準を達成するための行動は？

**❶技術的に最も適したトイレの選択肢を決定する**

- 利用者と維持管理者、特に女性や少女、子ども、高齢者や障がい者に及ぶ安心と安全に対する脅威を最小限に抑えるトイレの設計と建設を行う。
- すべての共同あるいは共有のトイレは、必要に応じて性別と年齢別に分ける。

**❷公衆衛生上のリスク、文化的習慣や水の調達と保管方法に基づき、影響を受けた人びとが必要なトイレの数を定める**

**❸共用あるいは共同トイレの場所、設計や設置は利害関係者の代表者に意見を求める**

- 年齢、性別、障がい者、移動に不自由をきたす人びと、HIVとともに生きる人びと、失禁症患者や性的あるいはジェンダーマイノリティによるアクセスと使用について考慮する。
- 共同トイレは家庭から安全にアクセスできるよう十分な近さの距離にあり、その家庭がトイレに近接していることにより非難されないような場所に設置する。

**❹手を洗ったり乾燥したり、月経や失禁の汚物を適切に廃棄する設備をトイレの中に設置する**

**❺給水のニーズにみあう技術的な選択が実行可能であること**

- 肛門洗浄に必要な適切な量の石鹸と水を用意する。また、水洗式トイレや衛生的封水機能が付いたトイレを設置する場合には、必要な水量を用意する。

出典：スフィアハンドブック2018

# 77

# 車いす使用者が移動しやすい動線を確保する

災害発生直後、避難所は多くの人でごった返します。土足のまま避難している人は移動することができませんし、衛生的にもよくありません。このような状態では車いす使用者や杖を使う高齢者等のことも考えられます。

災害対策基本法の第86条には「当該避難所に係る必要な安全性及び良好な居住性の確保、当該避難所における食糧、衣料、医薬品その他の生活関連物資の配布及び保健医療サービスの提供その他避難所に滞在する被災者の生活環境の整備に必要な措置を講ずるよう努めなければならない」と示されています。

できるだけ早く、良好な居住環境を確保するために空間を整理整頓し、物資の配

## 77 車いす使用者が移動しやすい動線を確保する

布や保健医療サービスの提供、トイレへの移動ができるようにレイアウトする必要があります。

これまでの災害では、土足の禁止、段ボールベッドの設置などのタイミングで避難空間を整えていた事例がありました。平成30年7月豪雨で被災した愛媛県宇和島市の避難所では、写真にあるようにパーテーションで区間を分けるとともに、車いすでの移動がしやすいように動線を確保しました。

トイレに関しては、既設のバリアフリートイレまでに段差があればスロープ等を設置する必要があります。バリアフリートイレがない、もしくは避難生活場所からバリアフリートイレまで遠い場合は、アクセスしやすい場所に簡易トイレを設置することが必要になります。

### 動線はどうやって確保する？

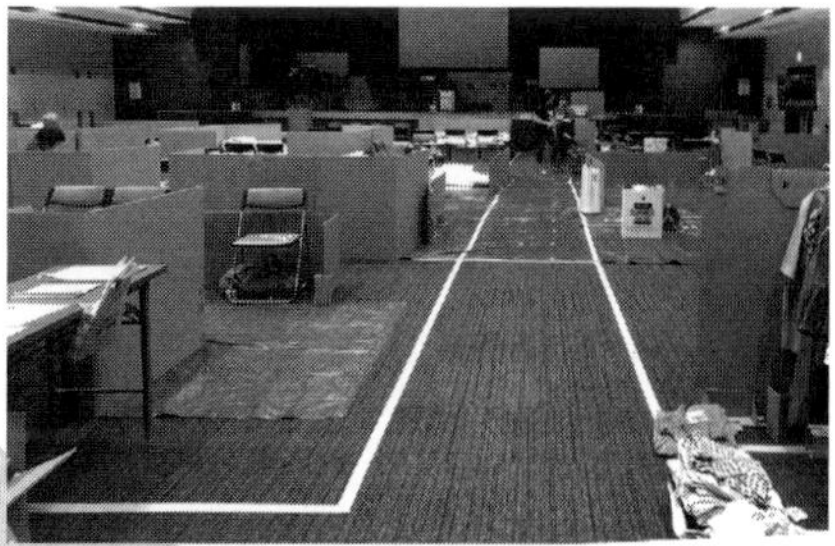

写真：NPO法人日本トイレ研究所

# 78

# 視覚障害者へのトイレ支援では場所と使用方法の伝達に注意

普段、視覚障害者がトイレを一人で使用できるのは、場所や配置を覚えているからです。そのため、新たな場所のトイレを使う際には、トイレまでの移動や利用にサポートが欠かせません。また、体育館のような大きな空間にいる場合は、自分の位置や動線の把握がとても難しいです。

日本盲人会連合（現・日本視覚障害者団体連合）加盟団体による調査では、避難所生活でトイレについて困ったことで最も多い回答は「トイレへの移動」でした。改善策のひとつとして視覚障害者のための防災・避難マニュアル（社会福祉法人日本盲人会連合2012年3月）には、「トイレに行きやすい場所などを優先的に確保してもらうこと、

78

## 視覚障害者へのトイレ支援では場所と使用方法の伝達に注意

小さな部屋を割り当ててもらうことや間仕切りの利用や移動しやすい場所を確保してもらうことが必要です」と示されています。

場所の確保とともに、避難所では個別支援員、特にトイレへの移動介助や食事の提供についての支援が必要と考えられます。また、同じ立場や課題を経験してきたことを活かして仲間として支えることなど、同じような共通項と対等性をもつ人同士（ピア）の支え合いの重要性からピア・サポートの観点での配慮が求められています。

### 視覚障害者が避難所生活で困ったことは?

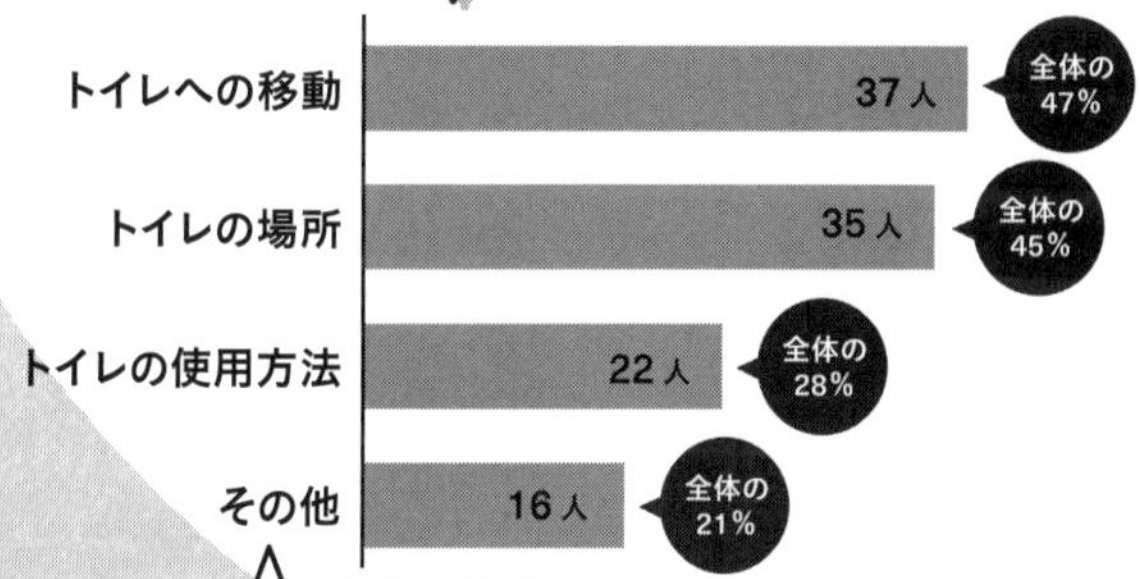


- トイレが汚れている
- 使用中のトイレでノックをしても返してくれない
- 断水のため不衛生

出典：日本盲人会連合加盟団体（岩手県・宮城県・仙台市・福島県）の会員に対する東日本大震災についてのアンケート調査（80件／平成23年度実施）

# 79

# 聴覚障害者のトイレ支援ではフラッシュライトの設置とビジュアル伝達が大切

聴

覚障害者にとってのトイレの主な困りごとは「非常時のサイレンなど音情報が得られない」「緊急時のフラッシュライトが、壁の色味や点滅の具合によっては見にくい場合がある」「聴導犬は狭い一般便房には連れて入れない」「床に伏せて待機するので汚れや濡れが気になる」などです。また、排泄音が聞こえていること自体わからないので、エチケット違反だと怒られることもあります。非常時を知らせるフラッシュライトを設置する際は、どの個室からでも点滅を認識しやすい位置にするなどの対応が必要です。なお、「光警報装置の設置に係るガイドライン」では、光警報装置の機能において白色光とすることが示されています。特に災害時のトイレや手洗い等に関しては、設置場所や使用方法、マナーなどが普段と異なるため、わかりやすく情報提供する方法を準備することが必要です。例えば、避難所内での放送内容を掲示板に示す際には、専門用語は避け、短い文章の箇条書きや、イラストなどの視覚的な情報で端的に解説することが効果的です。

また、周囲の避難者と意思疎通ができずに孤立しないよう、ピア・サポートの観点での配慮も必要です。

## フラッシュライトはどのように設置する？

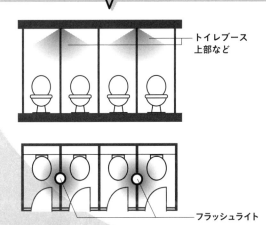

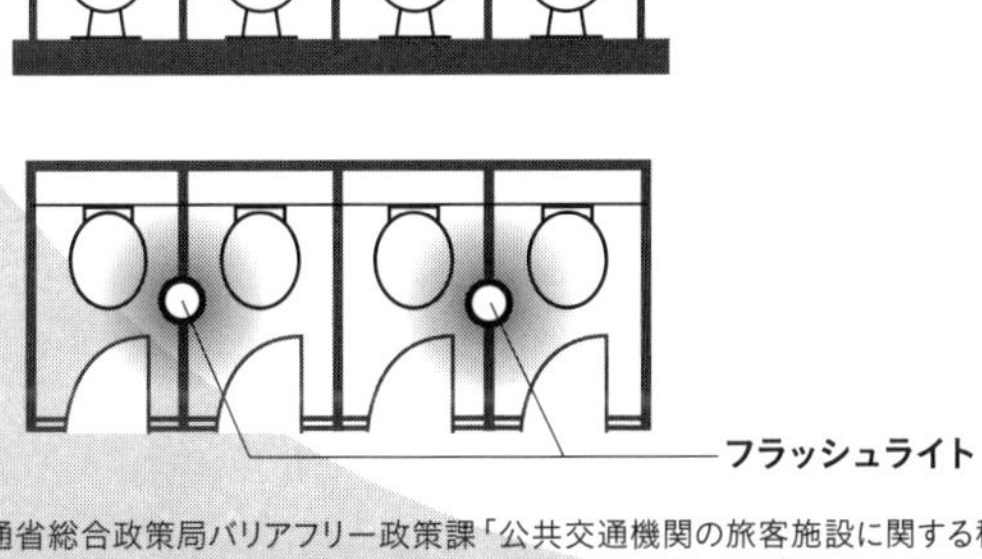


参考：国土交通省総合政策局バリアフリー政策課「公共交通機関の旅客施設に関する移動等円滑化整備ガイドライン　バリアフリー整備ガイドライン 旅客施設編」令和４年３月
https://www.mlit.go.jp/sogoseisaku/barrierfree/content/001475234.pdf

# 80

## オストメイトのストーマ用品は連携して調達する

オ

ストメイトとは、病気や障害などが原因でおなかに人工肛門や人工膀胱（ストーマ）を造った人のことを指します。

オストメイトは、ストーマ装具という専用の装具を用いて排泄の管理を行います。ストーマ装具には皮膚に粘着する面板と排泄を受ける袋（パウチ）があります。これらは様々なタイプがあり、自身に合ったものを利用しています。

避難する場所では、装具を交換するスペースや荷物置き、衣類等を置く棚等が必要になります。また、スペースを設ける際には、オストメイトだと知られたくない人にも使いやすいような配慮も必要です。

ストーマ保有者が自らの装具を避難所に持参することが望ましいですが、災害の状況によっては難しいことも考えられます。このような場合の対応方法として、公益社団法人日本オストミー協会のウェブサイトでは次のような共助が活用できることが示されています。

「災害救助法適用の市町村内被災ストーマ保有者で、家屋の倒壊等によりストーマ用品の持出しや、入手が困難なストーマ保有者、並びに入手が困難な避難所、病院等を対象に、災害発生から約1ケ月間において、ＯＡＳ（ストーマ用品セーフティーネット連絡会）各社の販売するストーマ用品を、地域のストーマ装具販売店を通じて無料提供される。」

市町村はこのような情報提供やストーマ用品の備蓄を徹底するとともに、避難所のオストメイトにできるだけ早くストーマ用品を届けられるよう、検討することが必要です。

# 81

# トイレ入口付近の動線分けで犯罪を抑止する

残念ながら災害時においても性犯罪は起きています。なかでもトイレは犯罪リスクが高い場所だと考えられます。トイレに大切なことは「安心」ですが、安心は主観なので一人ひとり異なり、そのベースには客観的な安全が必要です。日本のトイレは、緊急呼び出しボタンなど、犯罪に巻き込まれたときの対応策が多いですが、そうではなく、配置などで犯罪をいかにして起こさせないようにするかが大事です。

具体的には、男女の入口を明確に分けて、入口付近の動線も分けることが必要になります。日本ではトイレの入口付近の動線が同一で、その先で男女に分かれてい

# 81 トイレ入口付近の動線分けで犯罪を抑止する

る場合が少なくありません。この場合、女性の後ろを男性が歩いていても不審に思わないので、犯罪が発生しやすい環境といえます。一方で、入口および動線が分かれていれば、すぐに不審に気づくことができます。また、トイレは人の目が行き届く場所に設置すべきです。いずれも犯罪抑止効果につながります（【62】参照）。

また、常に手入れが行き届いていることも効果的です。逆に汚れた状態を放置することは、人の目が行き届いていないことを示すことになります。このような配置と併せて、照明や防犯ブザーを設置すること、さらにはトイレに行くときは一人で行かないことを徹底することも大切です。

**犯罪抑止効果のあるトイレの動線は？**

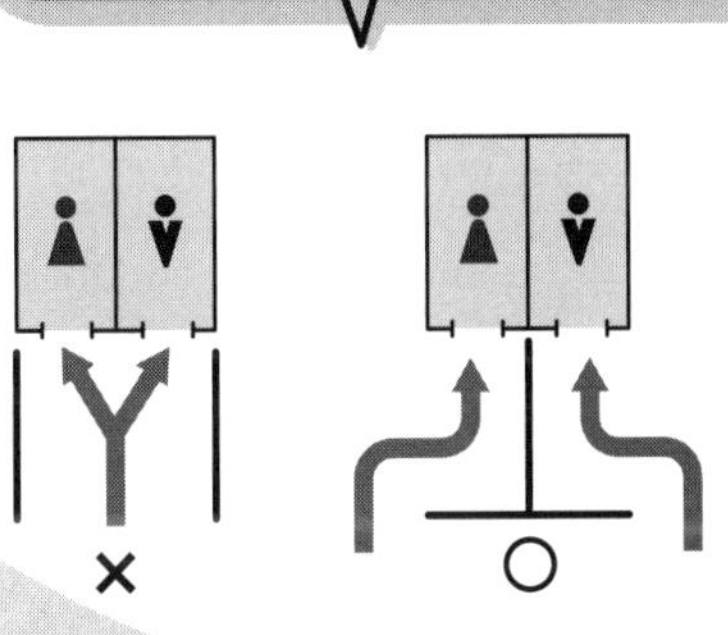


参考：小宮信夫『写真でわかる世界の防犯　遺跡・デザイン・まちづくり』（小学館）

# 82

# 子どもが安心できるトイレ環境とおむつ交換場所を確保する

排泄は自律神経が司っており、このうち副交感神経が優位、つまりリラックス状態のときに便意や尿意が起きる傾向にあります。

特に子どもは、排泄が健康を維持する上で欠かせない生理現象であるとは理解していません。トイレに行くのが怖い、排便するのが嫌などと感じれば、徹底的に我慢すると思います。また、恐怖や不安があれば排泄リズムも乱れてしまいます。

災害時の避難所は、子どもが安心できるトイレ環境を確保する必要があります。東日本大震災のとき、避難所にいた小学生は「ドンドン叩くから怖い。混んでいるので使いたくない。外の草むらでしている。」と言っていました。知らない大人と共同でトイレを使うことが怖かったのだと思います。

また、幼い子どものおむつを交換できる場所も大切です。不特定多数で共同生活している場所でのおむつ交換は、プライバシーやにおいのことなどが気になってしまいます。子育てに取り組む保護者同志のコミュニケーションが生まれるような場所の確保も必要と考えます。

なお、災害救助法が適用された場合、指定福祉避難所では概ね10人の要配慮者（災害時において、高齢者、障害者、乳幼児その他の特に配慮を要する者）に1人の生活相談員等の配置、要配慮者に配慮したポータブルトイレ、手すり、仮設スロープ、情報伝達機器、（段ボール）ベッド等の器物、日常生活上の支援を行うために必要な紙おむつ、ストーマ用装具等の消耗機材の費用について国庫負担を受けることができます。これらを踏まえて、安心できるトイレ環境づくりに取り組むことが必要です。

## 災害時のトイレ対策で参考になる主な資料

### 国

| | | |
|---|---|---|
| 内閣府(防災担当) | 避難所におけるトイレの確保・管理ガイドライン | 2022年4月改定 |
| 内閣府<br>男女共同参画局 | 男女共同参画の視点からの防災・復興ガイドライン | 2020年5月 |
| 国土交通省 | マンホールトイレ整備・運用のためのガイドライン -2021年版- | 2021年3月 |
| | マンホールトイレの整備・運用チェックリスト | 2023年4月 |

### 地方公共団体

| | | |
|---|---|---|
| 兵庫県 | 避難所等におけるトイレ対策の手引き | 2014年4月 |
| 新潟県 | 新潟県地域防災計画(震災対策編)第23節 トイレ対策計画 | 2023年3月修正 |
| 埼玉県 | 防災マニュアルブック(家庭における災害時のトイレ対策編) | 2016年4月 |
| 徳島県 | 徳島県災害時快適トイレ計画 | 2017年3月 |
| | 徳島県避難所快適トイレ・実践マニュアル | 2022年6月 |
| 東松島市 | 災害時あんしんマンホールトイレ 設置運営マニュアル 第2版 | 2023年6月1日 |
| 江戸川区 | 江戸川区災害(震災)時トイレ確保・管理計画 | 2021年11月 |

### 学会・国際機関等

| | | |
|---|---|---|
| 公益社団法人<br>空気調和・衛生工学会<br>集合住宅の在宅避難のためのトイレ使用方法検討小委員会 | 集合住宅の「災害時のトイレ使用マニュアル」作成手引き | 2020年1月 |
| Sphere Association | スフィアハンドブック | 2018年 |

## NPO法人日本トイレ研究所 等

**災害用トイレ製品を仕様・性能で選ぶ方法**
https://toilet-guide.blogspot.com/2022/12/blog-post.html

**アーカイブ　災害時のトイレ事情**（写真とデータ）
https://www.toilet.or.jp/toilet-guide/example/

**災害対策トイレ情報ガイド2019**
https://toilet-guide.blogspot.com/2019/12/2019.html

**災害用トイレガイド**（災害用トイレ製品一覧）
https://www.toilet.or.jp/toilet-guide/

**「快適トイレ」認定リスト**
https://www.toilet.or.jp/projects/projects_kaitekitoilet/

**災害用トイレの“備えに関する考え方や施策”についてのアンケート調査**（86自治体）
2017年11月
https://www.toilet.or.jp/wp/wp-content/uploads/2017/11/20171128.pdf

**平成28年熊本地震 避難所におけるトイレに関するアンケート調査**（234人）
2018年4月
https://www.toilet.or.jp/wp/wp-content/uploads/2018/04/survey180410.pdf

**大地震におけるトイレの備えに関する調査**（東京都および大阪府の2000人）
2018年4月
https://www.toilet.or.jp/wp/wp-content/uploads/2018/04/survey180417.pdf

**災害廃棄物対応に関するアンケート調査**（797自治体）
2021年7月
https://www.toilet.or.jp/wp/wp-content/uploads/2021/07/saigaihaikibutu_survey20210820.pdf

**災害時のトイレの備えに関するアンケート調査**（332自治体）
2023年8月
https://www.toilet.or.jp/wp/wp-content/uploads/2023/08/dtat2023.pdf

最後まで読んでくださった読者のみなさまに、心から感謝申し上げます。

東日本大震災から数か月後、被災地の仮設診療所でトイレの調査をしているとき、屋外の仮設トイレに高齢の女性が車いすに乗ってやってきました。同行された人に「お手伝いしましょうか？」と尋ねたところ、「ひとりでできることが大切です」と仰ったので、見守ることにしました。

すると、その女性は車いすから下りて四つん這いになって仮設トイレの段差を上っていきました。土足で利用される仮設トイレの床はドロなどで汚れていました。

この女性のように辛い思いをした人がたくさんいたのではないでしょうか。

トイレや排泄は日常会話の話題になりづらく、排泄は他人に見せるものではないので、困りごとを一人で抱えがちです。このような状況を変えるには、小さなことでもよいのでやってみることが大切です。

まずは、身近な人と災害時のトイレについて話してみてはいかがでしょうか?

タブーの扉を一人ひとりが丁寧に開けることで、社会は少しずつ良い方に変わっていくと信じています。

最後に、災害時のトイレに特化した本を執筆する機会を頂けたことに感謝しております。被災された方や支援に携わった方から教えていただいたことを次の備えにつなげるには、行動し続けることが必要です。この頁で終わらせるわけにはいきません。

本書を機に、皆さんの家庭や組織、地域などで、トイレの備えについての話し合いがはじまることを願っています。

NPO法人日本トイレ研究所
代表理事
加藤 篤

Profile

## 加藤 篤（かとう・あつし）

**NPO法人**
**日本トイレ研究所 代表理事**

1972年生まれ。まちづくりのシンクタンクを経て、現職。災害時のトイレ調査や防災トイレワークショップの実施、防災トイレ計画の作成、小学校のトイレ空間改善を展開。「災害時トイレ衛生管理講習会」を開催し、防災トイレアドバイザーの育成に取り組んでいる。
著書『うんちはすごい』（イースト・プレス）、『もしもトイレがなかったら』（少年写真新聞社）ほか。

X https://twitter.com/pooprince

note https://note.com/unsugo/



**本書の最新情報のご案内、**
**ご意見・ご感想の投稿は**
**下記のウェブページをご覧ください**

https://book.gakugei-pub.co.jp/
gakugei-book/9784761528782/



**トイレからはじめる**
**防災ハンドブック**
**自宅でも避難所でも困らないための知識**

2024年2月　1日　第1版第1刷発行
2024年9月30日　第1版第4刷発行

著　者　加藤 篤
発行者　井口夏実
発行所　株式会社 学芸出版社
〒600-8216
京都市下京区木津屋橋通西洞院東入
電話 075-343-0811
http://www.gakugei-pub.jp/
info@gakugei-pub.jp
編　集　松本優真
営　業　中川亮平

デザイン・装丁　金子英夫（テンテツキ）
図版作成　平原かすみ
印刷・製本　モリモト印刷



©KATO Atsushi 2024
Printed in Japan


ISBN 978-4-7615-2878-2



JCOPY 〈（社）出版者著作権管理機構委託出版物〉
本書の無断複写（電子化を含む）は著作権法上での例外を除き禁じられています。複写される場合は、そのつど事前に、（社）出版者著作権管理機構（電話 03-5244-5088、FAX 03-5244-5089、e-mail: info@jcopy.or.jp）の許諾を得てください。
また本書を代行業者等の第三者に依頼してスキャンやデジタル化することは、たとえ個人や家庭内での利用でも著作権法違反です。